欲しがらない
若者の、本当の欲望

R30の欲望スイッチ

白岩 玄

宣伝会議

R30の欲望スイッチ

欲しがらない若者の、本当の欲望

R30の欲望スイッチ

CONTENTS

まえがき

本書は「今の世の中で若者に人気のあるものが、なぜ支持されているのかを解明する」本である。簡単に言えばヒットの解析本だ。ただ少し違うのは、多くの解析本が基本的に作り手・送り手の魅力を解剖しているのに対して、この本ではむしろ受け手の側が何を求めているかという観点から書いている。世の中に何かヒットしているものがある場合、作り手・送り手の側に魅力があるのはもちろんなのだが、実際には受け手が先に何かを求めていることがほとんどだからだ。最初に欠落があり、そこに何かがハマることでコミュニケーションは起こっている。だからうまくいっているコミュニケーションには、たいてい受け手の欲望がある。

最近の若者は欲望がない世代だとメディアではよく言われているが、一応社会的に若者の部類に入る（今ちょうど三十歳なので）僕からしてみれば、なんだか勝手に決めつけられてしまっている印象がある。事実は欲望がないのではなくて、上の世代の人たちが「欲望」だと思っているものが、若い人たちのそれとは違っているのだ。

まえがき

たとえば休みの日にネットに一日中かじりついているのは欲望ではないんだろうか。恋人や友達に送ったメールに返信がなくてずっとそわそわしているのもある種の欲望だと思うのは僕だけだろうか。物質的なものを得ることで幸せを感じていた時代が終わり、より精神的なものを求める方向へ欲望の質が変わったわけだ。だから表向きには出てこなかったり、見えにくかったりするだけで、実際には若者は上の世代の人と同じようにいろんなものを求めている。言うなれば今の若い人たちの欲望は、他人との関係の中に溶けていたり、表面上は表情のないものとしてコーティングされているだけなのだ。

本書ではそんな表立って見えにくい若者の欲望を明らかにするために、世の中で若者に人気がある9の事象をジャンルごとに取り上げ、なぜそれが支持されているのかという視点から、今の若者がどういうことを求めているのかを考察している。また、各カテゴリーの終わりには、まとめとして短い小説を書いた。本来こういう実用書では、ごく短い文章で「ここがポイント！」というような要約をすると思うのだが、この本ではあくまでも若者の欲望を「感じてもらう」ためにこういう方法をとっている。

もちろん僕は若者の代表ではないし、すべての若者の気持ちを代弁できるわけではない。でもまぁ六十歳の人が書く若者の欲望の本よりも、三十歳の人が書くそれの方が真実味は高いだろう。世代論がどうとか言うのではなく、こういうのは役割分担だと思うのだ。

若者の欲望を知ることは、新しい時代の空気を知ることでもある。この本を読んで何か得るものがあることを祈ります。

1

アイドル編

幻想となりたい願望

ジャニーズ

賞味期限のないアイドル

世の中で人気のあるものには必ず何かしらの魅力があるもので、女の人から圧倒的な支持を得ている「ジャニーズ」も、やはり様々な魅力によって受け手を強く惹きつけている。

ジャニーズの所属タレントを見ていて思うのは、彼らがいくつになっても賞味期限を感じさせないことだ。たいていの女性アイドルに加齢という賞味期限があるのに対して、彼らはいつまでも若々しくキラキラしている。SMAPなんてもうみんな四十近い（平均年齢39・6歳／最年長の中居正広、木村拓哉は41歳、最年少の香取慎吾は37歳／2014年3月時点）のだ。男は歳をとってからの方が魅力が出やすいとはいえ、アイドルとしていつまでもキラキラしているのは並大抵のことじゃない。もちろん容姿に関してはプロの手が入っている部分もあるだろうが、たとえ見た目をどれだけ作っていたとしても、内面からにじみ出てくる若々しさを保ち続けるのは簡単なことではないだろう。

一流の二流であること

ジャニーズの所属メンバーはなぜその若々しさを保つことができるのか。考えられる理由としては「彼らがすごく謙虚だから」というのがある。他に類を見ないスーパーアイドルであるにも関わらず、そのことを誇っている感じがないのだ。それはジャニーズが何でもこなすアイドルだからで、彼らは歌もうたうし、ダンスもするし、芝居もするし、バラエティー番組にも出る。それがゆえに、各分野の一流の人たちと接する機会も多いのだ。歌番組に出れば、音楽だけを突き詰めてやってきたプロを目の当たりにするだろうし、ドラマや映画の現場に行けば、やはり無数の役を演じてきた、その道のプロと仕事をしなければならない。そういう人たちと接したときに、彼らは自分たちの持っている歌や芝居のスキルに自信を持てるだろうか？　たぶん持てないと思う。もちろんスーパーアイドルとしての自負はあるだろうけど、そこに埋まらない実力の差があることは感じざるを得ないだろう。

それはつまり、自分たちがどの分野においても「決して一流にはなれないのを痛感させられる」ということだ。でもだからこそ、彼らは必死に努力をして、その差をどうにか埋めようとする。メディアではいつも勝っているように見えて、実はすごく負けを知っている人たちなのだ。

男の人がやってしまいがちなことで一番嫌われるのが「いばる」ことだが、女の人がある程度歳を重ねてもジャニーズを支持しているのは、彼らがそんなふうに「いばらない」ことが大きいと思う。新しいことに挑戦し続け、負けを冷静に見つめられることをかっこいいと感じるのだろう。

明確にわかるコミュニケーション

もうひとつジャニーズの魅力を語る上で欠かせないのが、「あらゆる表現の敷居が高くない」ことだ。ジャニーズ事務所という会社がエンターテイメントであることを一番に考えているだけあって、普通の人が見てわからない表現をまずやらない。特にSMAPや嵐の番組を観ていると、放送作家がいるとはいえ、子どもから大人まで全員が安心して観られる内容になっている。

わかりやすいコミュニケーションを徹底しているのは、支持しているのが女の人だからという面がある。女の人はわからないことをスルーする傾向があるというか、わかりにくいコミュニケーションに価値を感じる人が少ない。恋愛においても形にしてほしい（「好き」とか「付き合って」をちゃんと言ってほしい）欲求が強いし、言わなくてもわかるよね、という暗黙の了解では安心感を得られないのだ。

ＳＭＡＰの曲を聴いているとよく思うのだけれど、「世界に一つだけの花」や「夜空ノムコウ」などは、ＳＭＡＰが歌うからこそ「みんなの歌」になっている感じがする。わかるコミュニケーションを常に心がけている人たちだから、メッセージの響き方も自然と変化するのだろう。明快で強いコミュニケーションを生み出す力を持っていること。ＳＭＡＰが昔から広告によく起用され、しかもすごく相性がいいのは、そういう理由もあると思う。

誰かの幻想になる演技

明確にわかるコミュニケーションをすることは個人においても徹底されている。あらためてだが、ジャニーズにおいて木村拓哉という人の存在はかなり大きい。この人以上にジャニーズの「かっこよさ」を体現してきた人はいないし、まぁそれがゆえに、あらゆる批判を一身に引き受けてきた人でもある。

木村くん（とここでは呼びたい）はやっぱりドラマの印象が強い。何を演じてもキムタクになると批判されたりもしているが、たとえその意地悪な見方が当たっていたとしても、「何か強いイメージがずっと維持できている」ことに違いはない。

じゃあその強いイメージとは何なのか。おそらくジャニーズの演技派と言われている人たちは、こんな人がいたらいいな、という「誰かの幻想（何らかのヒーロー）になる技術」が長けているのだ。もともと彼らはかっこいい男性像であり続けることが仕事なため、その応用で芝居の演技をしているような感じを受ける。役柄に現実味を持たせて存在させる本業の役者さんたちとは方法論が違っているのだ。

そのため彼らが演じる役は、どんなに「かっこわるい」役でも「かっこよく」なる。彼らの容姿が整っているからかっこいいわけじゃない。実際にはいないけれど「こんな人がいればいいい」という「誰かの幻想になることができている」からかっこいいのだ。

私事になってしまうのだけど、拙著『野ブタ。をプロデュース』がドラマ化されたときに、原作の小説にはいない「彰」という登場人物が追加された（演じたのは山Pだ）。彼は現実の学校にはまずいないような生徒で（金持ちのボンボンで、語尾に「～だっちゃ」「コン！」などをつける不思議な男の子）、さすがにこれは突飛なんじゃないかと思ったのだが、観ていた若い子には「彰かっこいい！」という人が山ほどいたのだ。僕にはそれが衝撃だったのだけど、あれはまさに誰かの幻想になる演技だったんだろう。特に今の若い子たちはマンガに親しんでいるために、現実にいそうかどうかなんてことはあまり気にしないのだと思う。

なぜ嵐は人気があるのか

最後に、今ジャニーズでもっとも人気がある嵐について触れておきたい。1999年のデビュー当時、嵐はもともとそんなに人気があるグループではなく、最初はテレビに出演しても深夜帯の番組に出ていることが多かったのだが、あるときから急に売れるようになったのだという。彼らがなぜ売れたのか、その分析をしている人はたくさんいて、たとえば「仲がいい」とか「キャラ分けができている」とか「事務所の猛プッシュがあった」などと言われている。どれもそれなりに答えになっているとは思うが、まず間違いなく言えるのは、ジャニーズのファンのメイン層である若い女の子以外の支持を集めた結果、人気が出たということだろう。そうでなければ「国民的」アイドルにはなれないからだ。特に嵐は僕と同世代か、あるいはそれ以上の女性にすごく人気があるらしい。ということは、ある程度歳を重ねた人たちを惹きつける何かを持っていたことになる。

それはいったい何なのか。テレビで嵐のメンバーを見ていると、彼らは五人とも「欠けているものが見えやすい」ところがある。他のグループに比べて、ファンでない人が見てもキャラ分けがはっきりしているので、逆に彼ら一人一人に足りないものが自然と透けて見えるのだ（櫻井くん【頭脳派だが、ボロが出やすい】、相葉くん【ムードメーカーだが、天然なところがある】といったように）。

そしてこの「足りないものが見えている」ということが、大人が恋をしたり好意を持つ上で重要なことなのだ。ある程度歳をとった人はわかると思うが、人はいろんな経験を積むと、まだできあがっていない異性に対して、若干の余裕と共に好感を持つ傾向がある（女性の場合は母性とよく言われるが、過去の恋愛や理想の恋愛を投影していることもある)。特にアラサー以上の女性たちは、「他のどのグループよりも足りていないものが見えやすい」がゆえに嵐にハマったのではないか。そしてそれはライバル心やひがみの感情がない限り、男の人からも支持されやすい形を作る。

同じような例で言うなら「綾瀬はるか」なんかもそうだ。彼女はよく天然だと言われているが、要するにそれは「何かが欠けている」のであって、だから彼女は年上の男性俳優から好かれるし、男女問わず好感を持つ人が多い。

嵐のメンバーが仲良しであることもたしかに重要なことだろう。もし仲が悪ければ、彼らはお互いの短所を責め合って、それぞれがありのままの自分でいることをやめてしまうからだ。隠したり繕ったりすることなく己をさらしているものに人は癒しを感じたり、好感を持ったりするものなのだ。

ＡＫＢ４８

人間ドラマをエンターテイメントに

男性アイドルがジャニーズなら、女性アイドルで今真っ先に浮かぶのはＡＫＢ４８だ。秋元康プロデューサーが「会いに行けるアイドル」をコンセプトに２００５年に作ったＡＫＢは、今や知らない人がいない国民的アイドルになった。

爆発的に売れるようになったのは、グループ内の「人間ドラマ」をエンターテイメントにしてからだ。その代表的なものが２００９年から始まった「選抜総選挙」で、ある意味残酷とも言えるメンバーの順位付けをすることによって、誰が人気があるのかという興味を持たせ、同時にメンバーたちの不安定な心情を視覚化して見せる仕組みを作った。他にも「選抜じゃんけん大会」（２０１０年〜）や、異なるグループへの「人事異動」、メンバーの「卒業」や「恋愛禁止」のルールなども、その人間ドラマを作る要素になっている。

ドキュメンタリーの効能

ＡＫＢは仕組みとして本当によくできているアイドルグループだ。まず人数がたくさんいる（２０１３年12月時点で総人数３５４人）ことが間口の広さになっている。よく言われているように、あれだけ人がいれば、一人くらいは「いいな」と思う人がいる。だからそこが入口で、それからはネットが活躍する。今は名前を検索すれば、あらゆる情報が集められてしまう時代だ。記事や画像に目を通し、動画サイトに辿り着く。ＡＫＢが好きな人ならわかると思うが、誰もが一度は動画漬けの日々を経験しているだろう。そしてさっき挙げた「人間ドラマ」が感じられる映像を観てしまう。

中でもそれが色濃く出ているのが、舞台の裏側を撮影したドキュメンタリー系の映像だ。ＴＢＳのテレビ番組「情熱大陸」に根強い人気があるように、人は物事の裏側が好きな生き物ではある。それはそこに「本当」がある感じがするからなのだが、ＡＫＢが優れているのは、このドキュメンタリーに対する重きの置き方なのだ。わざわざ映画にして公開したり、YouTubeなどの動画共有サイトでも普通に観られるようにしている。そうして興味がありさえすれば、誰でも裏側が知れる用意を整えているのだ。

裏側を知るとどうなるか。人はその存在に厚みを感じるようになる。たとえば肉親が亡くなったことがニュースになった歌手がいたとして、その人が歌番組で気丈に歌っていたりすると、観ている側は「本当は辛いんだろうな」と勝手に想像して感情移入してしまう。AKBのドキュメンタリー映像にも、それとまったく同じ効果があるのだ。だから普通に喋ったり歌ったりしているときでも、その人の奥にストーリーを見てしまう（しかもよく考えていると思うのは、昔から常にカメラがある状態にしていたことで、彼女たちがカメラ慣れしていることだ。普通は人の目をはばかってやらないようなやりとりを、見られているのを知っているのに平気でやるだけの自然さを獲得している）。

そしてこの表面を見て裏側を想像させるシステムが、人数の多さで掛け算になる。ドキュメンタリー映像をある程度の数観ていれば、裏側を知って興味を持っているメンバーの数はもう一人ではなくなっているだろう。だからたくさん人がいても、それぞれに奥行きを感じることができる上、メンバー同士のライバル関係など、ときにはストーリーが絡み合ったりしているのだから、それだけでも十分に楽しめる。そんなふうに積み重なった気持ちがあるからこそ、総選挙などで人間ドラマをエンターテイメントにしたときの価値が増幅するのだ。そこでは人数が多いがゆえに生まれる〝光と影〟も、面白さの一つとして換算されてしまうだろう。

ＡＫＢが好きな人とそうじゃない人たちのあいだには、そんなふうに記憶の蓄積の差が存在する。だからまったく裏側を知らない人たちにしてみれば、若い女の子が何やらパフォーマンスをしているだけにしか見えないだろう。握手会やライブを同じようにやっている他のアイドルグループがＡＫＢに勝てないのには理由がある。裏側を意図的に作り、人数でそれを掛け算にする。人が記憶する生き物であることを最大限に活用したアイドルグループがＡＫＢなのだ。

アイドルになりたい女の子たち

ＡＫＢの人気を続かせているもうひとつの大きな要素が「アイドルになりたい女の子たち」だろう。魅力的な新人が入ってくれれば、また新しい人間ドラマが作られて、それが蓄積されていく。この無限ループ状態を作り出したからこそ、ＡＫＢは人気を維持し続けているのだけれど、気になるのはなぜ未だにアイドルになりたい女の子たちが絶えないか、だ。

彼女たちは自分の意志ではっきりとアイドルになりたいことを明言している。ジャニーズの人たちが履歴書を他人が応募した（と公に説明している）例が多いのに対して、女性アイドルになりたい子は、ほとんどが自分で応募し、それを正々堂々と主張しているのがその証明だ。

なりたい子が多いのには、いろいろと理由があると思う。かわいくなりたい、憧れのメンバーに近づきたい、楽しそう、面白そう…。個性を尊重する教育のせいなのか、「何者かになりなさい」というメッセージを流し続けるメディアの影響かは知らないが、世間の注目という光を浴びたがる女の子たちも少なくない。彼女たちにとってアイドルになることは手っ取り早い自己実現の道なのだろう。「何かになりたい」と思ったときに、「そのままの自分で応募しても大丈夫」なのがアイドルだからだ。

でもおそらくすべての女の子が意識下で感じているのが（これはＡＫＢのメンバーも含めてだ）、女性としての自分の賞味期限だろう。アイドルは若いうちでなければやれない、当然のようにそう思っていて疑問は持っていないかもしれないが、よくよく考えれば、これはずいぶん理不尽なことだと思う。

この国では、若い女の子をもてはやす空気が強すぎる。逆を言えば、歳を重ねた女性への差別がとてつもないのだ。欧米なら年齢を重ねてもそれなりに大事に扱われるが（むしろその方が成熟しているとみなされる）、日本にはまだその文化は根付いていない。だから女の子たちは自然と将来を焦ってしまう。若くしてアイドルになりたい子が多いのは、女として輝ける時間が短いことをよく知っているからだろう。もしいつまでも女性が魅力的に思われるような世の中だったら、光を浴びることを変に急いだりしないはずだ。

ＡＫＢが人気なのは、ある意味では差別があるからだとも言える。前述したドキュメンタリー映画のタイトルに「少女たちは傷つきながら夢を見る」なんてのが使われるのは、この国の文化としていいことなのか悪いことなのか、正直よく分からない。

ももいろクローバーZ

最後にひとつ。女性アイドルグループの中で個人的に気になっているグループがある。ここ最近で急に知名度が上がった「ももいろクローバーZ」だが、メンバーが五人しかいない上（おそらくもう増えないだろう）、AKBのようにドキュメンタリーの力を使っていない。それなのに僕が強く惹かれるのは、ライブのパフォーマンスが圧巻だからだ。

具体的にどういうところがすごいかと言えば、彼女たちのパフォーマンスには「自分を守ろう」という感じがない。女性アイドルは「可愛さ」を売るのも仕事のうちだが、その可愛さは下手をすると、自分を良く見せるための「守りの表現」になってしまう。こんなことをしたら恥ずかしい、こういうことをしたら自分が変に見られてしまう、他のアイドルグループにはときおりそんな守りの意識を感じるのだが、ももクロの五人に関してはそれがない。よく知らない人でも彼女たちがテレビに出たときに、到底ファッショナブルとは言えない戦隊ものの衣装を平気で着ているのを見たことがあると思うのだけど、あんな感じでどんなアウェーな場所でも自分たちを守らずに仕事をしている。

その剥き出しの輝きは、彼女たちが全力で攻めているために、見ている側が守ってあげたくなる種類のものなのだ。臆することなく前に突き進んでいくその姿に思わず気持ちをつかまれて応援したくなってしまう。僕は好きになってまだ間もないのだけど、どっぷりハマったファンじゃなくてもそうなってしまうのがももクロのすごいところだと思う。

欲望のあるシーン（アイドル編）

　こたつが出ているリビングで、兄と妹がそれぞれに好きなことをやっていた。兄は寝癖を直していないぼさぼさの頭でメガネをかけて、アイドルグループのライブＤＶＤを大画面のテレビで観ている。妹もすっぴんでスウェットの上下を着て、こたつの机の上で何か書き物をしていた。兄はテレビに目をやりつつも、ちらちらと妹の手もとを気にしていた。

「なぁ」

「ん？」

「何書いてんの」

　返事はすぐに返ってこない。妹は少し間を空けてから「履歴書」と短く答えた。今度アイドルのオーディションを受けるから、そのための履歴書を書いているのだと言う。

「おまえ、まだアイドルになりたいとか言ってんの？　自分の顔よく見ろよ」

「お兄ちゃんだってアイドルの応援してるじゃない」

妹は作業を止めることなくそう言った。兄の眉間のシワが深くなる。場の空気が悪くなるのを二人は感じた。

「応援するのと『なりたい』のは違うだろ。俺はちゃんと自分のことが見えてるよ」

「そうかな？　私だって見えてるよ」

「はぁ？　見えてないからそんな見た目でアイドルになりたいとか言ってんだろ？　なれねーっておまえなんか」

妹は何も言わずに黙っていた。面倒臭いものを相手にするように溜め息を吐き、ようやくのことで「一緒だよ」とつぶやいた。

「なんか言ったか？」

「一緒だよ。お兄ちゃんは他人に救われたくて、私は将来の自分に救われたいだけ。どっちも今の自分じゃない誰かに救われたいんだから一緒だよ」

妹は履歴書とペンを持って立ち上がると、リビングのドアを開けて出ていった。残された兄はぽかんと口を開けたまま、自分が何を言われたのかまだよくわかっていないようだった。でも今まで下に見ていた妹が、自分よりもはるかに物を考えていたことだけははっきりとわかった。テレビからは相変わらず害のない、かわいらしいアイドルの歌声が聞こえていた。

アイドル

幻想となりたい願望

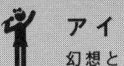

2

SNS編

見栄と都合

SNSに何を求めているのか

SNS人気の裏に潜む欲望

SNSのことを書くのに冒頭からこんなことを言うのはなんだが、僕は2013年の年末限りでフェイスブックとツイッターの利用をやめている（どちらもアカウントは残っているが、まったく覗いていない状態）。やめた理由を一言で言うのは難しい。でもまぁ「飽きた」というのが一番近い言葉だろう。最初は面白かったのだけど、だんだん時間が経つにつれて楽しさが目減りしていった。似たようなことを感じている人は、けっこう多いのではないかと思う。

とはいえ、一時期SNSが世の中の人を魅了していたことに違いはない。なので自分がなぜSNSにハマっていたのかも含めて、ここでは主にプライベートでフェイスブックとツイッターを利用する人たちが何を求めているのかを考えてみたい。

フェイスブック

みんな、「手紙」が欲しかった

フェイスブックの人気の理由は、よく言われているように「つながりたい」欲求を満たせるツールだったことにある。基本的に知り合い同士でつながるものであるために、ツイッターと比べても結びつきが強い。じゃあフェイスブックにおける「つながり」とは具体的にどういった種類のものなのだろうか。ひとくちにつながると言ってもいろいろあって、「電話」と「メール」と「チャット」ではつながり方が全然違う。フェイスブックは公開日記などとも言われているが、世の中にあるもので一番近いのは「写真つきの手紙」や「絵はがき」、あるいは「年賀状」などだろう。

疲れた体で仕事から帰ってきて家の郵便受けを開けたときに、友達からの手紙や絵はがきが入っていたらちょっと嬉しい。フェイスブックが好まれたのは、そういう嬉しさを毎日最大限に味わえる仕組みを作ったからだ。だから単純に言ってしまえば、みんな「手紙が欲しかった」のだ。

考えてみると、手紙は様々なコミュニケーションメディアによって長いあいだ隅に追いやられていた。まず電話ができたことによって、近況報告をそれで済ませる人が増え、その後メールが普及して「簡単さ」と「安さ」で手紙のポジションを奪ってしまった。ちょっとした用事ならば、ほとんどの人が電話かメールで済ませるようになり、手紙は古典的なコミュニケーションメディアとして、ビジネスの場や限られた用事のためにしか使われなくなったのだ。でもそのあいだ手紙が人々に望まれていなかったかというとそうではなくて、単に書いて出す手間がかかるのが面倒臭がられていただけだった。やはり貰うと嬉しいものだし、その嬉しさは（メールに押されながらも続いていた）年賀状が証明している。

そして変化が訪れたのは、ミクシィが出てきたときだ。あれはまだ文章メインの公開日記でしかなかったが、日々の出来事をみんながネット上で報告するようになった。ただ、ユーザーはあくまでも若年層が中心で、当時はまだスマートフォンも普及しておらず、パソコン環境がないと使えなかった。しかしスマホの台頭によってそれらの問題も解決し、そこにフェイスブックが入ってきたのだ。速さと気軽さはコミュニケーションを活性化させ、投稿が写真をメインにして成り立つことも〝近況報告をする〟というハードルを下げた。要するにフェイスブックは「手紙が持っている温かみ」が、ツールの進歩によって「楽に享受できるようになった」メディアなのだ。

ただ、フェイスブックを長く続けることで見えてきたものもあるのではないか。それは結局のところ、求めているのは「親しい人とのつながり」だったということだ。興味本位で昔の同級生や知り合いとつながりはしたものの、最終的にはタイムライン上で探しているのは仲のいい人の投稿だという人は多いだろう。言うなれば、興味のない人からの手紙（投稿）は「ＤＭ」になっていったというわけだ。だから親しい人が多ければ（あるいはその人たちが定期的に投稿していれば）フェイスブックはきっといつまでも楽しいし、そうでなければ見ることすら億劫なものになっていく。ＤＭだらけの郵便受けなんて、見ても疲れが溜まるだけだからだ。

もちろんフェイスブックが誰にとってもメリットがないものかと言うとそうではなくて、知り合いに何かを一斉に報告するときにはこの上なく便利なツールではある。一人一人にいちいち手紙やはがきを書く手間が省けるし、ネットができる環境さえあれば費用も一切いらないからだ。

個人的にはフェイスブックから離れた人が、手書きの良さを再認識して手紙や年賀状を出すようになってほしいなと思う。親しい人への報告もメールがあれば十分ではあるけれど、手間ひまをかけるからこそ生まれてくる人間関係というのが世の中にはあると思うのだ。

他人から良く思われたい「見栄」

「手紙がほしい」が受け手の欲望のひとつだとするならば、もう一つフェイスブックを見ていて思うのは「他人から良く思われたい」欲望が見え隠れすることだろうか。

わかりやすいのが「いいね！」ボタンだ。同じ「いいね」でも「見たよ」程度の印から、本当に仲がいい人に対する励ましや肯定まで幅広いのだが、記事を投稿する人で「いいね」が欲しくない人はまずいないだろう。〝承認欲求〟とも言われるけれど、もしこの仕組みがなかったら、フェイスブックの楽しさは大幅に減ると言っていい。

また、写真を投稿する際にも、同じように良く思われるための工夫がされている。わざわざ言うことでもないかもしれないが、多くの人が「写真の加工や調整」をしているからだ。

フェイスブックに投稿する写真をいい加減に決めて載せている人はまずいない。厳密に言えば、撮るときに構図を考えているわけで、その次に撮れた写真の中からいいものを選び、さらにこだわる人はフィルターなどをかけて加工しているのだから、2〜3の過程を経てOKになったものだけがアップされていることになる。そしてそれぞれの審査の際に重要視されるのは「どうすれば印象が良くなるか」なのだ。それだけでなく、複数枚アップするときは並べたときのバランスも考慮されている。多くの場合はそこに文章もつくわけで、これも写真の魅力が増すように形が整えられていく。

若い人はこういうことをごく当たり前にやっているのだけれど、客観的に見ると、この「調整の技術」は相当すごいものがある。昔からできたわけではないので、この何年かで若者が飛躍的に伸ばした技術だと言えるだろう。今や多くの人がカメラマンを兼ねた編集者になっているようなものなのだ（この辺りは世代間の溝も深いところで、年配の人が「とりあえず撮れればOK」くらいの適当な感じで携帯カメラで撮影しているのを見ると、若者は「えっ、なんで…」と引いてしまうことがある）。

それからフェイスブックでは、最初は楽しかったのだけど、友達申請を許可しすぎて、そんなに親しくない人ともつながってしまった人が多いと思う。欲しくもない「いいね」やコメントをもらったりするのも鬱陶しいし、親しい人なら報告したいことでも、それ以外の人が見ていると思うと及び腰になったりもするだろう。また、特に興味がない人たちのつまらない近況報告をたくさん見て、自分はこんなふうになりたくない、ちょっと報告しようかと思ったこともあったけど、わざわざ言うことでもないか、と投稿をやめてしまう人もいるんじゃないだろうか。でもそういうのもすべて「他人に良く思われたい」がゆえなのだ。もっと言えば、フェイスブックのアカウントを持っていない人でさえ、その気持ちを持っている。自分はプライベートの自慢大会には参加したくない、そんなにバカじゃないと思っていたりするからだ。もちろん本当に興味がないならいいのだが、やっている人を見下す気持ちがある限り、自分はフェイスブックなんてやらない良識のある人間だと思われたいと言える。

僕もフェイスブックを「他人に良く思われたい」がゆえに利用して、同じ理由でやめてしまった人間なので言うのだが、この水面下の「見栄」こそが、フェイスブックを始めとするＳＮＳの世界にはびこる一番の欲望だと思う。本当はみんなそんなことを気にせずにやればいいのだ。でもそれができない辺りに、現代の日本が持つ独特の空気がある。

ツイッター

本音の個人放送局

さて、ツイッターだが、基本的にフェイスブックのような建前がない。匿名でやっている人がほとんどであるため、愚痴や毒吐きのツイートが多いし、「ｂｏｔ」に代表されるネタ的なものもたくさんある。それから普通の内容でも、瞬間的な思考や感情が多いので、フェイスブックよりもプライベート感が強い。フェイスブックは気軽に友達申請できるが、ツイッターは遠慮してしまう人がいるのもそういう理由からだろう。
他に特徴を挙げるなら、拡散力が強く、情報収集に優れていることや、知らない誰かと意見を交わしたり、議論するのに向いていること、有名人が多く利用しているため、メッセージを送って直接返事をもらえることなどだ。

でも、やはり一番の功績は、すべての人が気楽な形で「個人放送局」を持てたことだと思う。ブログやミクシィでは吐き出せなかったごく些細な感情や思考を、公の場に投げかけることができるようになったのだ。百四十字という制約も、文章が得意な人と苦手な人の溝をむしろ埋めた感じがある。もしこれが千字や二千字書くことのできるメディアだったら、長文を書ける人たちに書けない人たちが引け目を感じてしまっていただろう。

スルーしたい欲とつながりたい欲

ただツイッターがなぜこんなに広まったかと言うと、すべての人が「互いにスルーし合うメディア」だったからだ。よく指摘されていることではあるが、ツイッターには他人の発言に反応しなければいけないという圧力がない。でもそんなことを前提にしているコミュニケーションメディアは今まで存在しなかったのだ。電話やメールはピンポイントで相手をつかまえるし、ミクシィやフェイスブックだって、別にスルーしてもいいのだが、関係性によってはコメントや「いいね！」をしなければいけない空気がある。

そしてツイッターの代名詞とも言える「○○なう（どこどこにいます）」という報告は、相手の反応を強制せずにコミュニケーションのとっかかりを作ることができる。「そこにいるなら、今暇だから合流していい？」というような、その先の予定を生む可能性を作ることができるからだ。これならばどちらに転んでも構わないし、直に誘って断られるなんてこともない。

人間関係は時に面倒臭くなるもので、自分も時間を取られたくないし、相手にも迷惑をかけたくない。しかし、かといってつながりを放棄できるかと言うとそれでは寂しく、適度に距離を保ったままにしておきたい。この「情報をスルーしたい欲」と「つながりたい欲」をいいバランスで保っているのがツイッターの最大の魅力だろう。

ちなみになぜスルーしたいかと言うと、これはもう単に今が情報過多の時代だからだ。いちいちすべてのことを真面目に受け取っていたら数分でパンクしてしまう。特に若い人たちはこの「情報のスルー筋」が発達している。自分にとって無益な情報をコンマ何秒で黙殺し、興味があるものだけを探し求めるクセがついているのだ。

文字のテレビ

時間軸があり、フォローしている人たちのツイートが絶え間なく流れているために、ツイッターは「文字のテレビ」のようになっているところがある。普段の会話でもツイッターはよく「観ている」と言われるし（「読んでいる」ではない）、中毒性が高いところもテレビに似ている。自分ではつぶやかない人も、暇なときになんとなく眺めていることは多いだろう。

おまけにツイッターが優れているのは、リツイート機能や面白ネタを集めているアカウントが多いため、ネット内の名言集や、面白い画像などが（フォローさえしていれば）勝手に流れてくるところだ。普通にネットをやるとなると、どうしても「検索」から入るしかなく、それでは自分が知っている範囲しか（あるいは長い時間をかけてネットサーフィンをすることでしか）、辿り着けるページがない。簡潔に言えば、ツイッターは能動的にしか情報を引っぱり出せなかったネットを「受け身の形で楽しめる」ようにしたのだと思う。

特に画像を活かした面白ネタはバリエーションに富んでいて、笑いのレベルも相当高い。だから日本でツイッターが流行っているのは、同じ百四十字でも日本語の方がアルファベットよりも自由度が高いという理由がよく言われているけれど、それとは別に「笑いに対する感度が高いから」もあるのではないかと思う。他の国の人たちでは到底理解できないような複雑な意味を持ったネタを多くの人が楽しんでいるわけなのだ。

ただこの「ウェブテレビ」の問題は、結局自分が興味のあるものをたくさん集めている以上、本当の意味での「社会」や「現実」と言えるような他者にはほとんど接していないことだ。まだ普通のテレビの方が、自分とは無関係な情報になんとなく長時間触れてしまったということがあり得る。しかし、それがないゆえの人気と言った方がいいのかもしれない。個人の好みを集めてずっとそこに浸れるからみんながこんなに眺めているのだ。

ＬＩＮＥ

都合のいい選択肢

フェイスブックやツイッターとまとめられることが多いが、ＬＩＮＥは同じＳＮＳでも完全にメーラーに分類される。ＬＩＮＥの功績はメールをチャット化させたことだと思われがちだが、正確にはあくまでもそれを「広めた」ことだ。実際に革新的だったのは、おそらくｉＰｈｏｎｅが取り入れた「チャット風のメール画面」だろう。それまで受信も送信も一通ずつ区分されていたメールのやりとりを、ひとつの画面で一度に見られるようにしたからだ。あれによって手紙のやりとりだったものが「会話のやりとり」に変化した。ＬＩＮＥはそれを高速化して流通させた、というところだろう。

手紙が会話のやりとりになるとどうなるか。当然テンポが速くなる（短文になる）

わけだが、ＬＩＮＥが広く使われるようになってから、そこに「利用者の都合」というものが見え隠れするようになった気がする。メールをチャット化するのはつまり「相手と時間を共有したい」ということだけど、実際のチャットは互いを縛るし、電話に近い拘束感が出てしまう。その点ＬＩＮＥなら、もともとがメールという考えなので、会話を止めることもできるし、好きなときに返信をすることができる。時間は共有したいけど、自分の都合も大事にしたい。そういう願望があるからこそ、ＬＩＮＥは今、若者を中心に利用している人が多いのだと思う。

用途の豊富さ

もうひとつ、ＬＩＮＥが人気を得た理由に「スタンプ」がある。これは日本人がなぜキャラクターが好きなのかにも関係してくるが、同じカテゴリーの絵文字や顔文字に比べると「印象を伝える力」が強い。表面積が大きく、キャラクターを使っているものがほとんどなので、会話における表情のような役割を担っているのだ。適度に添えていくことでやりとりも楽しげな雰囲気になる。特に三人以上のグループでやる場合だと、なんとなくみんなで「場を作る」感じも出てくるのだろう。

もっともスタンプの使い方はいろいろだ。表情として会話の補足に使うこともあれば、「おやすみ」や「了解」のようにメッセージと一体化させる場合もある。ときにはスタンプだけのやりとりで遊ぶこともあって、これはもうコミュニケーションというよりもじゃれ合いに近い。特に連続したスタンプでストーリーを作るのは四コマ漫画の文化だろう。そうやって遊びにシュールさを持ち込めるのも、日本人の笑いのレベルが世界的に見ても高いからだと思う。ツイッターのところでも書いたが、コミュニケーションに笑いを持ち込めば、今の若い人は自分たちでいくらでも楽しむ方法を見つけられるのだ。

➊ ひらいている、が面白い

SNSが近年すごく広まったのは、便利というのももちろんあるが、やっぱり一番の理由は、何かが「ひらいている」とみんなが感じたからではないか。インターネットが始まったときに、時代の先端にいた人たちが感じた興奮。画面の中の情報を通して誰かとつながる喜びが、SNSによって完全に一般の人まで下り切ったのだと思う。変遷を辿れば、最初は掲示板であり、それが「2ちゃんねる」や「ミクシィ」といった村的なものになって、フェイスブックとツイッターで大都市とでも言うべき街になった。

でもその「ひらいている」感覚は、常に人目にさらされているという緊張感を生み出して、特に若い人たちに「見栄と都合」という武装をさせたように思う。僕もSNSを利用するようになってから、自分の中にあるその守りの姿勢をやたらと感じるようになった。ひょっとしたら使うのをやめようと思ったのは、そもそもひらくために始めたもののはずなのに、自分がひどく閉じていっているのに気づいたからなのかもしれない。

欲望のあるシーン（SNS編）

学校の友達に言われ続け、今になってようやくツイッターを始めたフユミは悩んでいた。無事登録を済ませ、何人かフォローしたにも関わらず、アイコンとなるトップ画をどんな画像にするかが決められないのだ。

（……まず自分撮りは却下よね。私、顔に自信ないし、この写真が自分的にイケてると思ってるんだとか思われたらイヤだもの。かといってよくあるアニメもダメ。アニメは別に好きじゃないし、オタクっぽいのは避けたいわ。じゃあ嵐は？　ニノはどう？　ダメダメ。私の嵐好きは非公式なものだもの。それにタケヤマ先輩と相互フォローになってるのにジャニオタだと思われたくない……！　あとは何？　ペットの写真？　でもそれも却下だわ。ウチは何も飼ってないもの。隣の家にベスっていう犬がいるけど……そんなのトップ画したら「何おまえひとんちの犬トップ画にしてんだ」って怒られるかもしれないし。っていうかそれ以前に私あの犬好きじゃない……)

フユミは汚れたリードでつながれているベスのことを思い浮かべた。でかいくせにびびりなのか、通りかかるといつも必ず吠えてくる。

(だったら花は？　見た目もきれいな花はどう？　いや、それもダメ。自分を花だと思ってんのかと思われる恐れがあるもの。「なんだおまえ、荒野に咲く一輪の花きどりか」とか言われるもの。「花きどり」っていうあだ名がつくかもしれないし。ダメよ、ダメ。そんなあだ名は御免だわ。……っていうかここまで悩むならもう何もしないのはどうなのよ？　今のこのよくわからないタマゴの画像でいいじゃない。いや、ダメだわ。こんな冷たくてかわいげのないトップ画のままでいたら、ツイッターはやってますけどトップ画変えるとかそんなことに興味ありません的な自分をアピールしている感が出てしまう……それにクラスのみんなから「なんでトップ画変えないの」って訊かれまくるのは必至……！)

フユミは再び頭を抱えた。しばらくその姿勢のまま動かなかったが、急に何かを思いついたみたいに、はっと勢いよく頭を上げた。

（……友達とのプリクラ！　そうだわ、その手があったわ。自分の顔写真をさらしながら友達の存在によってナルシストぶりを緩和する方法が！　でも待って。誰とのプリクラを選べばいいの？　選ぶことで親友だと思ってる感が出てしまうかもしれない。だいたい許可とらないと肖像権とかいろいろあるんじゃないの？　ダメだわ。そんな法律のこととか、ややこしいのは苦手だわ～……）

翌日、学校に登校したフユミは友達に話しかけられた。

「ツイッター見たよ～、でも一個気になったんだけどさ、なんでトップ画がハトなの？」

「……うん、私もよくわからないの。公園に行ったらハトがいて、これなら公共の動物だからいいかなって……」

「えぇ？　何言ってんの？　公共の動物ってどういうこと？」

「わからない。もうわからないの……」

フユミはしきりに首を振りながら自分の席へと歩いていった。

3

スポーツ編

理想と偏見

サッカー日本代表（侍ジャパン）

➡「個」が集まる面白さ

いつの時代もスポーツは人を惹き付けてやまないもので、あらゆる娯楽が衰退しても、スポーツだけは間違いなく生き残るのではないかと思う。人体の限界に挑戦し、その上で勝ち負けがつくことには、人の心をふるわせる原始的な何かがある。

現代で今もっとも若い人を惹き付けているスポーツの試合と言えば、サッカー日本代表の試合を超えるものはないだろう。昨年行われた『ワールドカップアジア最終予選　日本代表ーオーストラリア戦』の瞬間最高視聴率は46・3%など、テレビ中継は確実に高視聴率をとるし、みんなでスポーツバーなどに集まって観戦する習慣も、今やすっかりポピュラーになっている。

サッカーがここまで注目されたのは2010年のワールドカップの予選からだと思

う。当時はそこまで期待されていないこともあって、特に本戦での活躍は鮮烈だった。本田、長友、長谷部、内田、川島……素人が見てもキャラクターが立っている選手が多かったと思う。おまけに実力がともなっていたし、今までに比べて明らかに強くなった印象があった。

大会以降は海外に移籍する選手がぐっと増え、選手たちはレベルの高い欧州のリーグでプレーしながら、代表戦があるたびに戻ってきてチームを組むような形になった。人気が着実なものになったのはその頃からだという気がする。全体的なまとまりとして日本代表というチームがあるのではなく、「個」が集まってひとつのチームを作っているような感じになってきたのだ。

おかげで試合中に連携が起こったときは、従来の日本代表チームとはまったく違う面白さを感じるようになった。いくつもの「個」が集まって化学反応を起こす面白さがあるのだと思う。スタジアムはよく湧くようになったし、テレビで試合を観ていても、瞬間的な興奮を感じることがずいぶん増えた。

そして選手たちを見ていて感じるのは、やはり彼らの大半が「世界で戦う男たち」だということだ。

⬇自分の進むべき道を、ブレずに追求する勇気

これまでにも三浦知良や中田英寿といった選手が海外で活躍しているイメージはあったが、代表選手のほとんどが外国のクラブでプレーするようになったのはここ数年のことだろう。今現在の代表選手は新しい時代の男たちだという感じがする。世界で活躍している、認められていることのすごさはもちろんだが、あの若さで自分のやりたいことを追求する勇気を持っているからだ。レベルが高い環境があるのなら、迷わずそこへ行ってチャレンジするその姿勢。これは僕が同性だからかもしれないが、そんな彼らを見ていると、刺激にもなるし、引け目を感じる。

また、外国でプレーしていると、自分が日本人であることを強く意識する部分があるのだろう。今の代表選手たちは、日本のサッカー界を背負ってやっている気持ちが感じられるし、全員が世界で戦う意識を持っているように見える。どの選手も一本筋が通っていて、選手としてというよりも人間的にかっこいい。みんなプレーよりも、そんな彼らの一生懸命な姿が見たくて、テレビを観ているんじゃないかと思うくらいだ。

日本中が、皆で同じものを見ている一体感

サッカー日本代表の魅力の半分が「選手の力」によって成り立っているとするならば、もう半分を占めているのは「試合そのもの」の魅力だと思う。今の日本代表の試合には、他のスポーツと比べても、人を惹き付けるための要素が充実している。

まず大きいのが競技自体の魅力だ。サッカーが人気スポーツである理由でもあるのだが、ルールが簡単で、スポーツ観戦にあまり興味がない人でも楽に見ることができる。おまけに一点の重みが大きく、なかなか点が入らないので、試合が動いたときに喜んだり落ち込んだりする感情の振れ幅が大きいことも、観る側にとっては楽しい要素ではあるだろう。また、試合が前半と後半に分かれているため、観戦するときに集中しやすいのも魅力の一つなのではないかと思う。

次に挙げられるのは、「ワールドカップの存在」だ。日本人は国際試合で日本人選手が日の丸を掲げて戦っている姿を見るのが大好きだが、サッカーにはワールドカップという世界最高峰の大会があるために、すべての代表戦がそこにつながっているような感じがある。しかもその大会は歴史と格式のある、世界中の国々が参加する大会

で、強豪国には名立たるトッププレイヤーが揃っているし、四年に一度ということもあって単純に稀少価値がある。日本代表の個々の試合は、「そこに辿り着くまでの物語」としても見ることができるだろう。選手やチームの成長を楽しみながら試合を観る面白さが味わえるのだ。日の丸を掲げた国内のスポーツの試合で、ここまで厚みのあるエンターテイメントを提供しているものは他にないと思う。

最後に応援の観点から見たときに、代表戦にだけ興味を示す「にわかファン」でも、青いユニフォームを着てみんなと一緒に応援すれば、それなりにサポーターになれるという良さがある。今や日本代表のユニフォームは青だと誰もが知っているし、それを着るだけで非日常の状態を作れる上、一体感まで生むことができるのだ。初心者でも応援のスタイルを真似できるこの間口の広さは、代表戦の人気を高めている大きな理由になっている。

そして、そういういくつかの要素がまとめて詰めこまれているために、サッカー日本代表の試合には、他のスポーツにはない空気が生まれているように思える。テレビで代表戦をやっているときに感じる、あの引き込まれるようなぴりぴり感。あれは「日本中がみんなで同じものを見ている」という空気なのではないかと思うのだ。

大勢で何かを共有する喜び

今はＳＮＳで多くの人が試合を観戦しているのがリアルタイムでわかるし、知識的にも世の中が代表戦に注目していることを僕らは知っている。そしてそのみんなと一緒だという共有感は、チームが点を取ったり取られたり、勝ったり負けたりするところまで含まれるのだ。そんな状態で、たとえばチームがいい試合をして、もし勝ったりしたならば、興奮の度合いは何倍にもなる。

みんなとつながったまま、いいことが起こるときの大きな快感。これとよく似ていると思うのが、「大晦日の盛り上がり」だ。十二月三十一日の夜、日本中の人たちが新年を迎える準備をして、いざカウントダウンが始まると、なんとも言えない緊張感に包まれる。そして日付が変わった瞬間に、みんなで新しい年を迎えた興奮が起こるわけだが、あれはおそらく「日本中の人たちと何かを共有する喜び」なのだと思う。人間には知識と経験を現実世界に持ち込んで、その場にはいない人たちの興奮に感応する力があるのだ。

代表戦の試合のあとにテンションの上がった人たちが渋谷の交差点で騒いだり、通行人とハイタッチしたりして騒いでいるのを目にするが、ああいうのは大晦日のノリに近いと思えばそんなにおかしくないだろう。もちろんそれとは関係なく、ただ騒ぎたいだけなのもあると思うが、人間は大勢の他人と何かを共有したあとは、心の壁が取れてテンションが上がるものなのだ。そう考えると見ず知らずの人にハイタッチを求める人たちの気持ちもわからなくはない。

フィギュアスケート

➊ 女子フィギュアの顔・浅田真央

サッカー日本代表に次ぐ人気を持っているスポーツの試合で、近年急に注目を集めているのがフィギュアスケートだ。なんだか知らないうちにメジャーになって、すっかり定着してしまった感じがあるが、見ているとと人気があるのも納得がいく。特にフィギュアスケートは、スター選手の登場で急に注目されるようになったのが面白い。

女子フィギュアが人気なのは、まず間違いなく浅田真央のおかげだと言われている。荒川静香や安藤美姫らの功績は大きかったとはいえ、人気ということに限って言えば、真央ちゃんほどフィギュアスケートの顔になった人はいないからだ。

彼女の存在は最初から際立っていたように思う。若くて可愛らしい見た目だったし、そんな彼女が氷の上を軽やかに滑る姿を見ていると、言葉は陳腐だが本当に妖精が踊っているようだった。おまけにテレビカメラで取材されているときもすごく無邪気で、この子にはプレッシャーがないのかなとびっくりした覚えがある。

そこからは世界のトップスケーターになるために彼女もいろいろ経験し、今テレビで真央ちゃんを観ていると、昔とは少し変わった印象を受ける。試合前にナーバスになっているときがあったり、選手としても一流の気概を感じたりするからだ。メディアが作った韓国のキム・ヨナ選手とのライバル関係や、大きな大会に何度も出場し続けることの過酷さが、彼女を本当の意味で世界で戦えるトップスケーターにしたのだろう。

➀「〜ちゃん文化」の裏に潜む欲求

でも真央ちゃんの人気に関しては、そういう実力とは違う要素が含まれているのかなと思うところもある。それが日本特有の「〜ちゃん文化」なのだけど、これは敬称に「ちゃん」をつけられる人はこの国では愛されるという不思議な文化で、同じスポーツ選手だと福原愛ちゃん、芸能人では芦田愛菜ちゃんや前田敦子（あっちゃん）、最近では「あまちゃん」なんかもこれに該当すると思う。特に女の子において絶大な効果を及ぼすところがあり、確実に人気は出るのだが、少し気になるのは、その〝愛されよう〟が人々からのある種の「要求」を含んでいることだ。

その要求とは、「理想の娘（子ども）」であってほしいというもので、昔から日本にはこの無自覚で表向きに悪気のない期待が潜在しているように思う。特にスポーツ選手で「〜ちゃん文化」に当てはめられるような人が現れると、メディアが煽ってあっという間に世の中に浸透する。事実、真央ちゃんが注目されるようになって以来、彼女は理想の娘ランキングで何度も一位になり、いつか自分の娘をフィギュアスケートの選手にしたいと思う親が増えたのだという。

ただ理想の娘というのは、やっぱり大人たちの勝手な欲でしかない。その欲がはらんでいるのは、「自分が満足のいく（あるいは自分を不快にしない）優秀な娘でいてほしい」という願望だ。だからそれを望まれた人は、何事にもひたむきに頑張る真面目な娘でなくてはいけないし、親の眉間にシワが寄るようなことをしてはいけない。

それを裏付けるような出来事が、安藤美姫の出産騒動だったのではないかと思う。とある出版社が「安藤美姫の妊娠を支持しますか？」というアンケートをして女性差別だと叩かれていたが、その根底にあったのは、安藤美姫という「理想の娘」に対するイメージの問題だったんじゃないだろうか。もちろん彼女は真央ちゃんよりいくらか年上なのだけど、社会的に注目された若い女性を、世間は勝手に「娘」として見てしまう。

最近の真央ちゃんの言動を見ていると、彼女はもう人間的に十分大人になっているように思える。おそらく自分が世間からどう見られているのかもわかっているだろうけど、それならば尚更、見る側が大人にならなければいけないと思う。一方的な理想の押しつけは、彼女が一人の女性であることを無視することになるからだ。

⬇男子フィギュアが抱える偏見

一方、男子フィギュアの人気は、主に高橋大輔が作ったと言っていいだろう。ソチ五輪で金メダルをとった羽生結弦は今でこそ大きな存在だけど、男子フィギュアという競技を世に知らしめたのは、やはり高橋大輔だからだ。

高橋大輔の優れたところは「表現力」だと言われている。技術の高さはもちろんのこと、音楽と一体化する滑りをさせたら、彼の右に出るものはいないらしい。伝説と言われるような世界のトップスケーターたちもその才能を認めているし、フィギュアスケートファンにとってみれば、高橋大輔の国内での評価は低いくらいだと言われている。

じゃあなぜこれまでこの国では彼がちゃんと評価されていなかったかだが、もちろんそれは受け手の方に原因がある。高橋大輔自体はすごいのに、世間の側にそのすごさを受け取るだけのキャパがなかったのだ。

端的に言うと、原因はこの国の世間一般の人たちが持っている「男らしさ」のイメージにあると思う。男子フィギュアの選手たちの演技を見ていて思うのは、日本では男性があまり持つことのない「陶酔感」を当たり前に表現できるということだ。たぶん彼らは、美しいものやきれいなものをそのまま体に取り入れることができるのだろう。インタビューなんかを見ていても物腰が柔らかくて素直だし、無骨さやぶっきらぼうな感じが一切ない。だからいいんじゃないか、と思う人もいるだろうが、日本の典型的なおじさんを思い浮かべればわかるように、そういう「美しいものに対する理解や、人としての素直さ」は、今の日本ではまだあまり「男のもの」としては受け入れられていないのだ。サッカー日本代表の本田や香川を「かっこいい男だ」と思う人はたくさんいても、高橋大輔を同じように「かっこいい男だ」と思うかと言うと、これは意見が分かれてしまう。

羽生結弦が金メダルをとったことで男子フィギュアのイメージも少し変わったかもしれないが、この国にはまだまだ「男はこうあるべき」という偏見が根強く残っていると思う。だからフィギュアスケートの受け入れられ方も、どちらかと言えば女性に寄ってしまっているのだ。それはさっきも言ったように、フィギュアスケートに男の人が苦手とする「表現」が含まれているからで、その感度が鈍い人には、演技にミスがないか、ジャンプが何回転かくらいしか楽しめるところがないのだろう。

ただ高橋大輔や羽生結弦らの存在は、この国の男性像に多様性を持たせる希望でもある。彼らのような男性が世間で認められることは、「男らしさの偏見」をゆるめる作用があるからだ。これからその流れが加速して、世間一般の人たちの中にある「従来の男らしさ」が解体すれば、日本のフィギュアスケートの人気は今より確固たるものになるだろうし、世の中の男の人たちも生き方の幅が広がると思う。

野球

プロ野球の人気の低迷について

最後にもうひとつのメジャースポーツであるプロ野球について触れておきたい。最近人気が低迷していると言われているが、それは他スポーツの台頭や、昔のいい意味での荒っぽさがなくなったこと、一試合が長い、選手の海外進出（大リーグ）、テレビの視聴率低下、単純にルールが難しい、などが理由ではないかと指摘されている。どれも正解だと思うのだけど、個人的には若者の野球離れの理由として、中年の男の人と今の若い男の人とのあいだに「溝がある」のではないかと思う。

プロ野球を見ていて感じるのは、日本の近代の会社の形がそのまま残っているように見えることだ。経営陣は不透明だし、監督やコーチ陣はユニフォームを野暮ったく着ていて、若い投手が打たれて交代するときも、仕事でミスをして上司からしぼられているような感じがする。おじさん世代にとってはそれが馴染みの世界かもしれないが、現代の若者の中にはそういう従来の会社の形に嫌悪感を持つ人もいるだろう。まぁだからと言って、これは変えた方がいいというものでもないので、なんとも言えない。これから日本が高齢化していくことを考えれば、変えない方が人気が保てるかもしれないし、ベンチに座っているのがスタイリッシュなスーツを来た外国人監督だったら、それはやはり何か違う気がするからだ。

プロ野球が好きな若者も、フィギュアスケートが好きな男の人もたくさんいるが、超えられない壁を感じている人がいるのも事実だろう。スポーツの好き嫌いには、世代や性別から生まれる偏見が大きく関与していると思う。

欲望のあるシーン（スポーツ編）

夜、誰もいなくなったバレーボール雑誌の編集部で、若手編集者であるサトミが眉間にシワを寄せていた。彼女はバレーボールが大好きで今の仕事に就いたのだが、日本でのバレーボール人気が伸び悩んでいることに常々不満を持っていたのだ。彼女の前にあるパソコンには、代わり映えしない取材の文章や選手の写真が並んでいた。その横ではサトミの先輩であるクリハラという男がカップ焼きそばを食べている。

「先輩、どうしたらバレーボールにもっと人気が出ますかね？」

サトミの質問にクリハラはすぐには答えなかった。口をもぐもぐと動かしたまま、容器の中の冷めた焼きそばを見つめている。

「んー、そうだな。スター選手を出すしかないな」

「そんなのはわかってますよ。なんか他に方法がないかってことです。バレーボールって基本的には女の人の応援で支えられてるじゃないですか。欲しいのは男性人気なんです。男性ってどこに興味持つんですか？」

「そりゃ簡単だ」

クリハラは食べるのを中断して自分のデスクの上にあった雑誌を放った。受け取ったサトミの目に飛び込んできたのはビーチバレーの特集記事だ。スポーティーな水着を着て、よく日に焼けている容姿のいい女性選手が大写しになっている。くっきりと見えるお尻のライン。サトミは落胆の溜め息を吐いた。

「しょせん男なんてこんなもんですか」

「こんなもんだよ。ま、わかりやすい形ではあるけどな」

サトミは再びパソコンの画面に視線を移した。もっと違う方向で何が人の気を引くのかを考えてみる。部屋の中にはクリハラが焼きそばをすする音だけが続いていた。

「女子が人気なのってラリーがよく続くからって部分もありますよね？　まぁ男子はその点すぐ終わっちゃいますけど、それって要するに試合の面白さなわけじゃないですか。だからたとえば海外でプレーする選手が増えて、攻撃のバリエーションも充実して、ラリーがもっと続くようになったら男の人でも面白いって思うようになりませんか？」

サトミが期待を込めた目でクリハラを見る。彼女の方を見向きもしないクリハラは、咀嚼しながらどこか遠くを眺めていた。

「核心的なことを言おうか」

「なんですか」

「問題はな、身長の高さなんだよ。男性のミーハー人気を狙おうと思ったら、選手に恋愛感情を持ってもらうのが一番だ。となるとだな、セッターとかリベロ以外の女子バレーの選手は普通の男にとって身長が高すぎるんだよ。だから日本人の平均身長がもっと高くなって、女子バレーの選手を見ても特に大きいと思わなくなったら、ミーハー人気が出る可能性もあんじゃねぇの」

「なんすか、それ。その前に男の側でその偏見なんとかしてくださいよ」

呆れたサトミが怒ったようにそう言うと、クリハラは悪びれた様子もなく「難しいんだよ、その辺は」と顔をしかめた。

「わかっていても変えられぬ、男は弱い生き物よ」

二本の割り箸を両手に持ったクリハラが「テンツクテン……♪」と食べ終わった焼きそばの容器を叩きながら立ち上がる。サトミは何度目かになる溜め息を吐いてコーヒーの入ったマグカップを取り上げた。

4

マンガ編

キャラクターと現実味

ONE PIECE

キャラクターに求められる存在感

世界一のマンガ大国である日本には、誰もが愛する人気マンガが山ほどあると思うのだけど、今回は若者に人気のマンガから少年マンガ系のものを三つ取り上げて分析したい。

まずは週刊少年ジャンプで連載中の海賊マンガ『ONE PIECE（ワンピース）』から。2013年11月に発売された第72巻で単行本の国内累計売り上げ冊数が三億冊を突破し、発行元の集英社でも過去に例がない記録を達成、今では日本を代表するマンガとして知られている。作品の魅力に関しては「夢や希望が詰まっている」「仲間との固い絆に感動する」などが言われているが、個人的にもっとも大きいと感じるのがキャラクターの「存在感」だ。ビジュアル的なことを含め、『ワンピース』

のキャラクターは他のマンガのキャラクターよりも印象がくっきりとしているように感じる。

なぜそんなことが起きるのかと言えば、作者の徹底した気配りによって「キャラクターの一貫性が保たれている」からだ。代表的な例で言うと、『ワンピース』の主人公であるルフィには心理描写が一切ない。考える前に動くキャラクターにするために、思考する時間を持たないように作られている。その他にも、『ワンピース』は書き込みが多いマンガとして有名なのだが、コマの中に何人ものキャラクターがいるときに、「このキャラクターはこういうときこうする」という考えをもとにして、それぞれのキャラに合った行動をしている姿が描かれている。ただ単に誰かの話を聞いているときでも、どんなふうに聞いているかが、キャラごとにいちいち描き分けられているのだ。

その細かさは作中で何度も繰り返される小ネタの中にも表れていて、たとえばルフィの仲間である剣士ゾロは、方向音痴であることがしょっちゅうネタにされている。どこかに行くとなると、「他の誰かと一緒に行くべきだ」とか、「おまえは必ず道に迷う」といつも仲間たちに釘を刺されているのだ。同じように他の主要なメンバーも、あらゆる場面で持ちネタとでも言うべき言動を披露する。船医チョッパーは褒められると反発しながら喜ぶし、音楽家ブルックはガイコツである見た目を活かして「スカルジョーク」を連発する。

『ワンピース』はテンポのいいマンガなのでスラスラ読めてしまうのだが、一コマ一コマ見ていくと、作者がいかにキャラクターを大事にしているかがよくわかる。それもそのはずで、マンガで一番大事なのは、キャラクターの存在感を確実なものにすることだからだ。セリフが響くかどうかも、展開が面白くなるかどうかも、すべてはそこにかかっている。極端なことを言えば、それさえあればマンガとしては成立するのだ。


では、なぜそもそもキャラクターの存在感を受け手の側が求めるのか。これはたぶん心理学でもっとちゃんとした説明ができると思うのだけど、単純に「人は曖昧な存在よりも、はっきりとしたイメージを持っている存在のことが気になってしまう」生き物なのだ。芸能人がキャラを作って人気を得ているように、たとえ好き嫌いがあったとしても、キャラが強ければ人はその存在を無視できなくなる。

また今の若者は、マンガやアニメだけでなく実社会でもキャラによって人のことを認識していると言えるだろう。それは世の中が情報過多で、そうする方が「楽に判断できるから」というのもあるが、もう少し言うなら「不安要素が減る」のだと思う。一度キャラ化された人物は、まるで商品化されたもののように安定した刺激を与えてくれる。すべてを自分基準で考えるようになった現代では、これは自分にこういうものを与えてくれる、と保証されることが喜びになるし、安心なのだ。

キャラクターの違いを楽しむ

『ワンピース』の魅力はキャラクターの色の強さにあると言ったが、そのこだわりようはメインのキャラクターだけでなく、出てくる登場人物すべてに共通している。本編に深くコミットしてこないキャラクターでも一定の口癖を持たせたり、語尾を決まったものにして特徴を持たせているのがそうで、笑い方ひとつですら、そのキャラクターに合ったものを作っている（シャハハハハ、グラララ、ゼハハハハ、など無数にある）。そうしているのは、もちろんさっき言った「キャラクターの存在感や説得力を強めるため」でもあるのだが、『ワンピース』の場合は、もうひとつ別の目的があると思う。

というのは、『ワンピース』は広い世界を舞台にした作品なのだが、「世界が広い」という認識をさせる上で一番効果的なのが、「違うものがたくさんある」と感じさせることだからだ。似たような容姿で、喋り方や動きにそんなに差異がなかったりすると、人は同じものとみなして注意を払わなくなってしまう。そうすると形だけ世界を大きくしても、印象としては広がりを欠いてしまうのだ。だからその点において、『ワンピース』のキャラクターの差別化はすごく有効に機能している。アイデアが豊富な作者だからこそできる方法ではあるのだが、好きな人はぜひそこだけに着目して読んでみていただければと思う。本当によくもまぁこれだけのバリエーションが出せるものだと感心する。

キャラクターがたくさん出てくるマンガは多々あっても、『ワンピース』以上にすべてのキャラクターにはっきりとした色があるマンガは見たことがない。たとえるならそれは、500色の色鉛筆を見せられたときに感じる魅力と同じだ。あるいはすべてのネタを網羅した豪華な寿司が並んでいると言ってもいい。ストーリーや伏線などもたしかによくできているのだけれど、このマンガを一番光らせているのは、やはりキャラクターなのだと思う。

仲間によって埋めたい寂しさ

もうひとつ、若者が『ワンピース』に惹かれている理由じゃないかと思う点を挙げておきたい。それは主要キャラクターの「家族」についてのことなのだが、不思議なことに、麦わらの一味九人の中には、両親が揃っている（存在が明らかになっている）人が誰もいない。なぜかみんな孤児だったり、親が遠く離れた場所にいたりする。あまり重要視されていないのかもしれないが、『ワンピース』を読んでいると、かなりの割合で「強い孤独を抱えている人たち」が登場する。主要キャラクターはみんなそうだし、主人公ルフィの兄であるエースは幼少期から「自分は生まれてきてはいけない人間だったのではないか」と悩んでいる。世界最強の海賊である「白ひげ」ですら、欲しいものは宝ではなく「家族」だと言っているのだ。

もちろん若者全員が同じような強い孤独感を抱えているとは思わない。ただ多くの人が『ワンピース』の主要キャラクターに感情移入できるのは、どこかそういう理由もあるんじゃないかと思うのだ。親には親の人生があり、結婚しても離婚する。すべての人が自分の幸せを求めている現代は、昔に比べるとやっぱり孤独を感じやすい時代ではある。しかも『ワンピース』の特徴は、それを「仲間との楽しい時間」によってリカバーしているところだ。単になぐさめ合うのではなく、「楽しさで」というところがポイントだと思う。

若い人のあいだで「シェアハウス」が流行っているのも、おそらくそれが理由なのだ。お金がないのもたしかにあるが、多くの人はシェアハウスをする理由を「楽しいから」と明言する。そしてその楽しさで埋めようとしているのはやはり、「寂しさ」なのではないか。孤独を埋める方法は、寂しさと向き合うやり方もあるのだけれど、もし『ワンピース』がその埋め方をしていたら、人気は出ていなかったと思う。「孤独は楽しさで埋めたい」という受け手の欲求があるからこそ、『ワンピース』の中にある楽しさが理想のものとして受け取られるのだ。

進撃の巨人

バランスが作る緊張感

最近売れているマンガの中で特に勢いがあり、記録的なヒットになっているのが『進撃の巨人』（講談社）だ。２０１３年の6月に発売された10巻までの累計発行部数が２０００万部を突破、テレビアニメ化で人気が加速し、書店でも売り切れが続出したため、通常ではありえない量（約８７０万部）の増刷をするなど、「十年に一度クラスの大ヒット」との呼び声も高い。僕も気になって読んでみたのだが、これがすごく面白かった。多くの人が言っているように、何よりもまず続きが気になる。作者の中ですでにそれなりの筋書きができているのか、第一話から伏線が満載だし、展開だけでここまで面白いマンガは久々な感じがする。

ただこのマンガの面白さの肝になっているのは、おそらく作品全体にただよう「現実味」だろう。大まかに分けると三つの現実味が魅力を作っていると思うので、ひとつずつ順番に書いていきたい。

現実味1（緊張感）

まずは作中で描かれる巨人と人間のパワーバランス（力関係）が生む「緊張感」だ。簡単に説明すると、『進撃の巨人』の世界では、巨人と人間とのあいだに圧倒的な力の差がある。人間がどれだけ知恵をしぼって決死の戦いを挑んでも、巨人はあっさりと人間をつかまえて食べてしまうのだ。でもその無情さがあるがゆえに、他のマンガとは違う緊張感が生まれている。この辺りは人気ゲームの『バイオハザード』に似たものがあって、あのゲームが革命的だったのは、建物の中にいるゾンビの多さに対して、自分が身一つだという心細さを表現していたからだと思うのだ。同じようなアクション系のゲームでも、主人公がやたら強かったりすると緊張感はなくなって、むしろめちゃくちゃに敵を倒しまくれる爽快感が出てしまう。『進撃の巨人』はそのことをちゃんとわかっていて、あの現実味のあるバランスにしている気がする。人間を実際の世界と同じように弱く作っているから、巨人が姿を見せるだけでも緊張感があるのだろう。

現実味２（俯瞰的な視点）

『進撃の巨人』でもうひとつ見事だと思うのが、メインのキャラクターたち以外の人の様子が割と頻繁に描かれていることだ。たとえば巨人が街に現れたときに、避難する人々の姿が描かれたり、主人公たちと同じ兵士的な役割を持つ人たちが、巨人と戦うのを怖がって自殺してしまう様子が描かれたりする。そうするとどうなるかというと、これは読み方が「俯瞰的」になる。もちろんマンガは俯瞰で読むものではあるのだけれど、そうではなくて、あちこちに目がいくために、世界全体を読んでいるような感じになるのだ。そしてこの作品の場合は、描かれる人々の精神的なもろさや肉体的な弱さが自分たちと何ら変わりないところがあるために、共感と納得によって「現実味」が湧いてくる。つまり、もし「巨人による支配が起こったときに人類はどうするのか？」という視点で読むことができるのだ。だからマンガの中で巨人が人を補食する場面に出くわすと、自分たちの同胞を食われたみたいで、なんだか感覚的に痛い感じがする。同じ人類だと感じるからこそ、登場人物たちが「巨人に食われたくない」と思う気持ちも身に迫ってわかるのだ。

昔、映画の『アルマゲドン』が流行ったときに、隕石が地球に落ちてくる同じ題材で、『ディープ・インパクト』という映画がほぼ同時期に公開された。『アルマゲドン』は主演がブルース・ウィリスのいわゆるヒーロー映画だったが（こちらは『ワンピース』的と言ってもいい）、『ディープ・インパクト』の方は、有名俳優がほとんどおらず、撮り方もヒーローに注目するのではなく、世界的な危機に陥った普通の人たちの人間関係や感情を描いていた（『進撃の巨人』の俯瞰的な視点）。両者とも泣きどころのある映画ではあるのだが、どちらが「我がごと」として観られたかと言うと、これはもう完全にディープ・インパクトの方だったのだ。そこには自分たちの暮らしている星がなくなってしまう怖さがあったし、失われていく命に対する痛みがあった。どちらがいいと言うわけではないけれど、主人公の活躍だけにフォーカスせず、世界観を俯瞰的に描くことで生まれる現実味というものが世の中には存在する。

現実味3（細かすぎるほどの設定）

作中で緊張感や現実味を作っているのは「巨人と人間の力関係によって生まれる緊張感」や「様々な人の様子を描く俯瞰的な視点」だけではない。最後に挙げるのが「世界観の細かな設定」だ。話の辻褄が合うのはもちろんのこと、人々が生活している街の作りや、特にこの作品ではキャラクターたちが使っている道具にかなりのアナログ感がある。

巨大な巨人とどうやって戦うかがこのマンガの面白いところではあるのだが、要点だけまとめてしまうと、作中に出てくる巨人は、唯一〝うなじ部分の肉を削ぐ〟ことによってのみ倒せる設定になっている。なので巨人と戦う兵士たちは、木や建物や巨人そのものにアンカーを飛ばして打ち込み、それについたワイヤーを高速で巻き取りながら、両脚につけたボンベからガスを噴射することによって一時的な空中飛行をし、うなじを狙って攻撃する。使っている武器は薄いかみそりのような二本の長い剣で、剣自体に「しなり」があり、肉を削ぐことに特化している。ただ強度がないために連続使用はできず、常に替えの刃を携帯する必要がある。

もしただ単に巨人と戦うだけのマンガなら、ここまでの現実味を追求する必要はない。空を自由に飛び回って、永遠に刃こぼれのしない剣で戦う主人公たちでもいいわけだ。

でも作者はそれをしなかったし、もしそういう設定だったら、面白さはずいぶん削がれていただろう。こんなふうに並べていくと、『進撃の巨人』には話に現実味を出すための要素がかなり多く入っていることが分かる。

現実味はなぜ必要か

人気があるということは、この現実味を読み手が求めているということでもある。たしかに考えてみると、最近の世の中はあらゆるものに現実味を求めるようになっている。若者は大きな夢を見なくなったと言われるし、全国ロードショーでドキュメンタリー映画が上映されたりする。昔のマンガやアニメなんかを観るときに、極端さや整合性のとれなさを「ありえない」と笑うのも、やはり同じ流れだろう。

さっき挙げた『バイオハザード』もそうだが、個人的には『モテキ』が話題になったときに衝撃を受けたのを覚えている。あれは冴えない男の主人公が女性と普通に付き合えるようになるまでを描いたマンガだが、構成を見ると作中に出てくる人たちみんなが自分のことを考えていて、それぞれの恋愛が重なっているように見えてちっとも噛み合っていないのだ。普通は恋愛マンガだともっと理想主義なところがあるが、まったくそうではないものを描いてあれだけ人気が出たのだから、理想だけじゃ物足りない人たちが多くいたということになる。

現実味が求められるようになったのは、経済成長が難しくなって、人の考え方が慎重になったからだ。あるいは科学が進歩したことで、以前よりも合理的な判断が好まれるようになったせいもある（運動するときは水を飲んだ方がいい、とかもこれに当たる。昔は根性論だった）。一個人が気にしないと言ったところで、現実味を求める志向はすっかり世の中に浸透してしまっているのだ。ぶっとんだファンタジーを面白く感じるのもそこに基準があるからだし、非現実的なものが現れて世界を震撼させない限り（たとえば神様が地上に降り立つとか）、根拠のないものをなんでも受け入れる時代にはもう戻れはしないだろう。

ちなみにマンガの中で現実味を強めていくとどうなるかだが、ちょうどそれをやっているマンガがあるので最後に紹介しておきたい。『スラムダンク』の著者である井上雄彦が雑誌モーニングで連載中の『バガボンド』だ。

バガボンド

現実味を追求するとどうなるか？

僕がこのマンガにハマったきっかけになった場面が二つある。ひとつめはコミックス二十一巻の吉岡清十郎と戦う場面。細かい説明は端折ってしまうが、宮本武蔵が吉岡道場の当主である清十郎と戦うときに、二人はよく武士がやるようには刀を構えない。だらんと体の力を抜いて、くねくねと首を動かしたり、ゆらゆらと体を揺らしたりしてみせるのだ。これは本当に無駄のない体の動きをしようと思ったら、スポーツで動くときと同じようにリラックスしなければいけないのではないか、という（おそらく）作者オリジナルの考え方から来ているのだが、今までそんなふうに決闘の場面を描いているものを見たことがなかったので衝撃だった。どちらかと言うと剣道の試合みたいなイメージがあったのだけど、たしかに本当に相手を斬ることだけを考えている人間ならば、そういうふうにしていてもおかしくはない。

もうひとつは二十六巻から始まる「吉岡一門七十人との決闘」の場面。これは簡単に言うと七十人を相手に斬り合いをするのだけれど、面白いのは武蔵が始めから終わり近くまでずっと相手の刀を奪って戦うことだ。普通のマンガなら自分の刀で戦うのだが、刃こぼれしたり、血が付いたりすると刀が斬りにくくなってしまうことを知っている武蔵は、戦う相手の刀を奪い、新しいものに取り替えながら人を斬り、本当に残り数人になったところで初めて自分の刀を抜く。

こういう描き方がしてあると、特に説明がなくても武蔵が刀のことをどう考えているかが読み取れる。そして同時に、自分の使い慣れた刀をどれだけ大事にしているかも伝わってくる。刀を使った戦いの現実味を強めることで、他のマンガにはないリアリティーが感じられる。細かいところではあるのだが、こういう「なるほど」と思わせる描写が『バガボンド』にはいっぱいあるのだ。

他にも象徴的なのが武蔵の顔についている「刀傷」で、今までの戦いで負った傷跡がすべて残ったままになっている。普通はマンガのキャラクターは傷が治ってしまうのだけど、『バガボンド』ではそれをしない。「人間の体というのは、そういうふうにできている」ことを描いているからだ。そしてその現実味を求める描き方は、体だけでなく心の方にも向けられる。剣の道を突き進んでいく武蔵は、あるときから戦うこと自体に疑問を持つようになるのだが、これは要するに「人は戦い続けるとどんなことを考えるようになるのか」というところに現実味を持たせているのだ。

途中から、武蔵は人を斬ることをやめて農業をしているのだけど、そこに行き着いたのにも、やはりちゃんとした理由がある。戦いに疲れ、流れついた貧しい村で、武蔵は人々が川の氾濫のために稲作をあきらめているのを目にする。ひょんなことからその村に留まることになった武蔵は、今度は人間ではなくて、自然に勝つにはどうしたらいいかを考えだすのだ。全然つながりがないように見えて、『バガボンド』の中では、「剣の戦い」と「農業」がしっかりと地続きになっている。

マンガに夢や強いエンターテイメント性を求める人には合わないかもしれないが、現実味を追求し、その先にある人間の可能性を描いたマンガとしてはこれ以上のものはないと思う。

欲望のあるシーン（マンガ編）

イベントの出演者の控え室で、ドラえもんとのび太の着ぐるみを着た二人の男がパイプ椅子に座って雑談していた。二人とも体はキャラクターの胴体にすっぽりと包まれているのだが、頭の部分は長机の上に二つ並べて置いてある。低身長の男二人は、もうずいぶん長い間自分たちの出番を待っていた。ドラえもんとのび太はスターでも、自分たちはただのスタッフだから扱いはそんなに良くない。

「つーか、俺こないだ思ったんだけどさ、やっぱ本来マンガとかアニメのキャラクターってのはこんなふうに外に出てくるべきじゃないんだよな」

「どういうこと？」

「いや、だってこんな着ぐるみでみんなの前に出てったらさ、せっかくかわいいキャラクターなのにニセモノ感が出ちまうだろ？」

ドラえもんの方が同意を求める。のび太の着ぐるみを着た男は「あぁ～、なるほど」とうなずいた。「たしかにあるよなー。もとのイメージが壊れるっていうかさ」

「そうなんだよ。子どもは喜んでくれるかもしれないけど、大人は違和感あるよなぁ。まぁ外の世界にがんがん出てるのにまったく夢を壊さずにいるやつもいるけどさ」

「そんなやついる？」

「ほら……例の……ネズミのやつだよ」

「あぁ～、あいつか……」

「あいつだよ。俺らとはクオリティーが違うからなぁ……」

ぼやいている男たちの前にあるテレビでは「人気のゆるキャラ特集」が流れていた。様々なご当地のゆるキャラたちがランキング方式で紹介されている。二人はしばらくのあいだその番組を眺めていた。出番が来たらスタッフが呼びにくることになっているのだが、控え室のドアは未だに開く気配がない。

「ゆるキャラってさ、着ぐるみなのにニセモノ感ないよな？」

「そりゃまぁ、こいつらはもとのイメージがあるわけじゃないからな。でもやっぱ人が入ってる違和感はあるんじゃない？『ひこにゃん』くらい有名ならあれだけどさ、無名だったら『この暑いのに大変だな』とか思っちゃうだろ？」

「たしかに。しかしいろんな奴がいますなぁ……」

ランキングは上位の発表に移っていた。船橋市の非公認キャラクター「ふなっしー」が紹介されている。俊敏な動きで頭を振っているふなっしーは、イベントのＭＣの人にいじられながら相変わらず元気に喋っていた。

「ふなっしーはすげぇよな。普通に喋ってるもんなぁ」

「いや、マジでこいつは最先端だよ。中に人がいるってバラすことで逆にキャラクターのリアリティーが出てるんだもん」

ノックの音がしてドアが開き、スタッフが二人に声をかける。男たちはリモコンでテレビを消してから長机の上の頭の着ぐるみを取り上げた。

マンガ
キャラクターと現実味

5

ドラマ編

雰囲気と純度の高さ

半沢直樹

人に好まれる「重厚感」

2013年、視聴率42・2%という数字を叩き出し、空前の大ヒットとして社会現象にまでなったTBSドラマ『半沢直樹』。このドラマが光っていたのは、全体にただよう「重厚感」だ。重々しくて落ち着いている、どっしりとした感じ。オープニングテーマも湧き立つような勇ましさと力強さのある音楽だったし、キャストも堺雅人、香川照之、北大路欣也など、なかなか豪華な顔ぶれだった。

あまり注目されていないかもしれないが、「重厚感」は人に好まれる要素だ。似たようなテイストのドラマだと、『白い巨塔』（フジテレビ／2003～2004）や『華麗なる一族』（TBS／2007）があるが、どちらも人気ドラマとして注目された作品ゆえに、印象に残っている人も多いと思う。重厚感のある作品には「リッチ感が味わえる」とか「すごいものに触れている」という感覚をもらいやすい。これを出すことに成功すれば、低評価を受けることはまずないと言ってもいいだろう。

〝雰囲気〟重視

ただこの重厚感というのは難しいもので、度が過ぎると取っつきにくくなる恐れがある。たとえばサラリーマン歴の長い年配の人なんかは、半沢直樹で描かれる銀行内の問題も面白く感じることができるだろうが、そういうものにあまり興味がない若者は、内容が変に複雑になると面倒臭くて観る気が失せる。現実社会にまだ免疫がついていない若い人が欲しているのは、あくまでも重厚感という「雰囲気」なのだ。なんだか重みがありそうな感じがする、でも実際には重くなく、どっしりとした雰囲気だけを味わえる。

その点、半沢直樹はその重厚感のある「雰囲気」を「さらっと羽織っていた」と思う。エンターテイメントであることを心がけたという作り手の意図通り、銀行内の様々な問題を描きながらも決して重くはなかったし、何もわからない人が観ても十二分に楽しめる内容になっていた。父と子の複雑な葛藤を描いた『華麗なる一族』とは間口の広さが違ったわけだ。

　似たような仕組みを使って当たったものは他にもあって、たとえばクイズ番組の『クイズ$ミリオネア』（フジテレビ）がそれにあたる。あれは単純に言ってしまえばただのクイズ番組なのだが、強い照明や黒を基調にしたセット、そして仰々しい音楽によって番組全体に緊張感を作っていた。賞金が上がっていくことの面白さはあるとはいえ、やっているのは四択クイズだ。みのもんたの長すぎる間の空け方を含め、観ていた人はあの雰囲気に面白みを感じていたのだろう。

　また、音楽においても、重厚感の雰囲気がある音楽を使って若者を取り込んでいるものは多い。大人気アニメ『エヴァンゲリオン』の戦闘シーンで流れるのは勇ましいオーケストラ的な音楽だし、『踊る大捜査線』のオープニングテーマもテイストは少し違っているが、やはり似たような重厚感がある。いじわるな見方をすれば、人生経験が浅い人間が引き寄せられやすい音楽なのだろう。

　複雑なテーマを掘り下げて重みを持たせる方法もあるとは思うが、世代を超えた大ヒットを狙うなら、ときにそれは邪魔になる。『半沢直樹』はその重厚感の取り入れ具合が他のドラマよりも秀逸だった。「軽いのに重みがある」という離れ業をやってのけたから、世代を超えて人気が出たのだ。

主導権の奪回

『半沢直樹』を観た人の感想でよく挙げられるのが、ドラマを観ることがストレス解消になったというものだ。主人公である半沢の世の中の理不尽さに屈しない正義感に共感し、日頃の溜飲を下げていた人も多かったらしい。特にサラリーマンの人たちは、上司と戦い、最後には土下座までさせてしまう半沢が、現代のヒーローに見えたのだろう。放送が日曜日だったため、あれのおかげで月曜から頑張れたというのも納得がいく。

ただ社会現象になるまでの大ヒットになったということは、並大抵の大きさではない共感がそこにあったということだ。たとえそこに「話題だから観る」人たちがいたとしても、四十パーセントもの視聴率を叩きだすのは並大抵のことではない。実際、組織に属さず上司のいない仕事をしている僕のような人間でも「半沢直樹」は面白かった。

万人受けした理由は、日本人が古くから愛する勧善懲悪の「時代劇（水戸黄門など)」に似ているからだと言われているが、個人的には裁判モノのドラマの要素もずいぶん入っている感じがした。耐えなければいけないところを耐え、機を見計らって、ここぞというときに一気に攻め込んで相手を倒す。実際、『半沢直樹』には、そんな裁判モノのドラマに似た、場をひっくり返す面白さがあったと思う。

裁判モノの快感は、他人の側にあった「主導権」を、最終的に自分の側に取り戻すところにある。要は正しさや正義みたいなものが何度も行き来し、最後は自分が勝つことの喜びなのだが、これはスポーツなども同じで、人間はそういう「主導権の奪回」に興奮するようにできている。

そしてその「主導権の奪回」は、多くの人が自分たちの私生活で望んでいることなのだ。人間関係はあちらを立てればこちらが立たずの連続で、大抵の場合、何らかの我慢を強いられる。もちろんある程度の我慢はあってしかるべきだが、自分だけが被害をこうむって相手があぐらをかいているということも多々あるだろう。旦那さんが偉そうにしている主婦もそうだろうし、逆に奥さんに普段逆らえない旦那さんも似たようなことを思っている。女の人は男の人の理解のなさによって苦しめられ、男の人は女の人の開き直りとも言える我の強さによって苦しめられる。若い人も、たとえば高校生なんかでも、まだ未成熟なゆえに大人たちから主導権を奪われていると感じることはあるはずだ。というか世の中で自分が常に主導権を握れているなんて思える人はほんの一握りだけだろう。そもそも大きな目で見れば、日本という国そのものがアメリカに主導権を奪われている国でもあるのだ。

どこかに勤めている人はもちろん、今の時代は多くの人が主導権を奪われて生きている。スマホがあれだけ普及しているのも、すべての主導権を自分が握っている（気分に浸れる）からだと思うし、電車の中で疲れているはずの人たちが熱心に画面をのぞいているのは、日々の生活の中で奪われている主導権の回復を図っているのかなと思ったりもする。これから先の時代も、その欲求を満たしてくれるような商品は熱烈に歓迎されるだろう。

半沢の決め台詞である「倍返しだ！」は、他人にあった主導権を自分に取り戻す意図を含んだ言葉だ。だから口にすると快感があるし、流行語にもなったのだと思う。

あまちゃん

キャラクターのマンガっぽさ

2013年のドラマの中では、半沢直樹と人気を二分した感があるNHK連続テレビドラマ小説『あまちゃん』だが、たしかに今振り返ってみると、盛大な祭りがずっと続いていたような感覚がある。特に今回は「若者が熱狂した朝ドラ」ということで、あまちゃんは日本の朝を変えたと言われた。通常のターゲット層である年配の人たちではなく、若い人が毎日の楽しみにしていたのだから本当にその通りだろう。

もともとクドカンの作品は若者に支持される要素が多かった。一番の特徴はキャラクター性が強いことで、彼のドラマを好きになった人は、作品の中に出てくる人を「役名」で覚える傾向がある（木更津キャッツアイの「ぶっさん」など）。そうなるのは二つの理由からで、ひとつは「現実にはいなさそうな人を描いている」こと（この辺りがクドカン作品の出演者に多いジャニーズと相性がいい理由だ）、もうひとつは「キャラクターの存在感を強くする描き方をしている」ことだ。マンガの『ワンピース』のところでも言及したように、何らかの特徴を大げさにした上で繰り返させ、「この人はこういう人なんだ」というイメージを塗り重ねると存在感は強くなる。あるいは徹底したキャラ分けをすることで、他の人との差が際立つ部分もあるだろう。そのため年配の人は人物がマンガっぽいと感じるのだが、若い人にとっては抵抗がない。むしろうまくハマってしまえば、マンガのキャラクターを愛するように、いくらでも感情移入してしまう。

朝ドラの純度の高さ

ただちょっと不思議なのは、なぜあんなにも『あまちゃん』を愛している人が多いか」だ。近年稀に見る名作だったのは確かだが、みんなのハマりようが正直異常なほどだった。考えられる理由としては、あまちゃんに費やしている時間が多かったということがある。半年間ほぼ毎日やっていて、SNSでも好きな人同士が語り合う場ができていた。ドラマの中に小ネタが多く、何度も見返す中で愛情が深くなったところもあるだろう。

でも僕が思うのはもう少し違うことで、他のドラマがダメな分、『あまちゃん』が評価されたのではないかということだ。しかもこれまで朝ドラを観ていなかった人たちが面白がったのを考えると、今までの朝ドラではなく、民放のドラマとのあいだに違いがあったのではないかと思う。

まず『あまちゃん』は朝ドラであるため、放送時間が十五分と短かった。子どもの通信教育でもよく言われているように、十五分は人が集中しやすい時間ではある。あと朝は比較的観る時間が取りやすかったり、日に何度も再放送があったのも視聴者を助けたポイントだろう。

こんなことを持ち出すのは、もし『あまちゃん』が民放の、たとえば火曜九時のドラマだったら、あそこまでヒットしたかな？　と思うからだ。今みたいな忙しい時代に、決まった時間にやっている一時間ドラマを毎回見続けるのは難しい。そしてここが重要なところなのだが、民放の一時間ドラマだと、放送中に「ＣＭが何度も入ってくる」のだ。

今の時代は本当にＣＭが邪魔者扱いされている。ただでさえトイレ休憩やスマホをいじる時間になっている上に、若い人たちは動画サイトで編集された（CMをカットした）映像を観るのに慣れている。たまに冒頭についているスキップできるインストリーム広告ですら鬱陶しく感じるのだ。そして民放でも、サッカーの試合なんかだと試合中はCMを挟まない。当然だと思うかもしれないが、実はそんなことが観る人の「集中」や「思い入れ」を支えているのだ。だからCMが入る（意識下の）ストレスを一切感じずに半年間ドラマを観られたのはかなり大きなことだと思う。

あとは民放ドラマだとテーマソングもオリジナルではなくタイアップになることが多い。CMも音楽も、もっと言うなら出演者の裏に見え隠れする事務所的な策略も、すべてにおいてお金の匂いがしてしまう。「純度」という点でNHKの方が民放よりも高いように思えてしまうのだ（実際には受信料でけっこうもめたりしているけれど）。

広告や企業の思惑にアレルギーがある人が多い今だからこそ、そういうものがないNHKの朝ドラは新鮮だった。従来の朝ドラは観ないけれど、クドカンが脚本を書くなら観るという人たちが集まった結果、何のストレスなくドラマを楽しめる場所を見つけてしまったという部分があるんじゃないだろうか。あまちゃんへの愛情が深まった理由は、そんな外的要因も大きいと思う。

➜ 大人が若者を見守るドラマ

外側のことを書いたので、今度は内側のことも書きたい。ストーリーにもかなり関係している部分なのだが、『あまちゃん』を観ていて個人的に「いいなぁ」と思ったのは「大人が若者を見守っているドラマ」だったことだ。新聞のインタビュー記事か何かで読んだのだけど、あまちゃんの現場では能年玲奈を始めとする若い子たちがなるべく「そのまま」でいられるように、大人の役者やスタッフたちが場の空気をうまく作っていたらしい。実際それがドラマの中にも出ていたと思うし、クドカンの脚本もタイトル通り主人公が〝あまちゃん〟であることを肯定する内容だった。

でも現実世界では、今はどこを見回してもそんな環境は見当たらないのだ。会社もそうだし、社会全体もそう。大人たちは「若者を育てよう」とは思っていない。即戦力を求め、代わりはいくらでもいるからと使い捨て、どちらかと言えば「〝あまちゃん〟じゃダメだ」と言っているのだ。まぁ今の若者に能年玲奈のような可愛げがないのが悪いのかもしれないが、若い人たちにとってみれば、『あまちゃん』の世界は自分たちが生きたい理想郷のように見えただろう。

テレビのインタビューなどで、観ているこっちがハラハラするような受け答えをする能年玲奈を見ていると、未熟だけど希望はいっぱい持っている若者の象徴みたいな存在だなといつも思う。彼女があまちゃんの中で好き勝手にのびのびとやっていた姿こそ、本来大人たちがある程度保証すべき世界のあり方なんじゃないだろうか。

大河ドラマ

若者が観たがる大河ドラマ

『半沢直樹』と『あまちゃん』を出してしまうと、他に並べられるのが「大河ドラマ」くらいしか見つからなかった。視聴率が低いと言われながらも何かと世間の注目を集めているが、若者の支持があるかというとそうでもない。まぁもともと若者のために作っているものではないので難しいところがあるのだろう。変に若者に媚びて、年配の人が一年間楽しみを失うのはあまりいいことだとは思えない。

とはいえ一年もの時間をかけて、しかもふんだんに制作費を使えるのは、番組のフォーマットとしてかなり魅力的ではある。なので、事情はともかくとして、こういうのだったら若い人も観たいだろうと思うところから、若い人たちが大河ドラマにどんなことを望んでいるかを考えてみたい。

まず実現が難しいのはわかっているのだが、ずっと前から思っているのは「ジャニーズ大河」だ。主演をジャニーズの誰かにするのではなく、もうオールスターみたいに、ありとあらゆる役をジャニーズの主要な人たちにやってもらう。喜ぶ人たちがいる反面、ものすごい反発がありそうだが、そこを前提とした上でジャニーズの底力を見てみたいのだ。多くのグループが第一線で活躍しているあの集団は、本当に世間で叩かれなければいけないような人たちなのか。世間一般の「イケメン」と彼らがどう違うのか。現代性の塊のような彼らが、大河ドラマという歴史モノに集団で参加すれば、今まで見たことがないものが見られるんじゃないかという気がする。否定的な目で見る人が多いからこそやれることがあると思うのだ。

もうひとつは「第二次世界大戦を一年かけて描く」というものだ。公共放送であるNHKがそれをすることの危なさはあるだろうが、当時の事実関係もだいぶ明らかになってきたし、戦争体験者がまだ存命である今だからこそ作るべきなんじゃないかと思う。奇しくも零戦を取り上げた『風立ちぬ』や『永遠のゼロ』などが話題になっている。学校の歴史の授業でもあまり教えないことを一年かけて描くとなったら、みんな注目するだろう。アニメのところでもピクサーに戦争映画を作ってほしいと書いたので、またかと思われるかもしれないが、現代の日本の問題のほとんどは、この戦争を根っこにしているものばかりだと思うのだ。自分で調べる労力を使わなくていいのなら知りたいと思っている人は多いだろうし、若い人はみんなどこかで「知っておかなきゃいけないんだろうな」と感じてもいるはずだ。

『半沢直樹』も『あまちゃん』も、入りたくなるような入口がたくさんあって、おまけに現代の若者が抱えているストレスを発散させる仕組みを持っている点で共通している。今の大河ドラマに必要なのは、そういう〝入口の多さ〟と、もっと密接に現代にリンクするテーマ性なんじゃないだろうか。単に歴史の勉強をすることに価値があるのなら、学生は学校の歴史の授業であんなに寝たりはしないだろう。知識だけならネットで調べりゃ事足りると思っている若者は、大人が思っているよりもはるかに多いと思うのだ。

欲望のあるシーン（ドラマ編）

「……というように、若い視聴者がドラマに求めているのは雰囲気と純度の高さなんです。それを両方満たすような番組を作ることが必要だと思います」

発言を終えたテラシマが少しだけ満足そうな顔をする。深い溜め息を吐いた部長はわずらわしそうに頭を掻いてから「テラシマ」と呼びかけた。

「はい」

「誰が分析しろって言った。必要なのは企画なんだよ」

会議室にいる一同が黙り込む。『あまちゃん』並のヒットドラマを生むための企画会議はすでに三時間を超えていた。これまでにいくつもの案が出されたが、めぼしいものはなく、どれも却下されていたのだ。重たい空気が続く中、若手ディレクターのミズノが手を挙げた。

「なんだ、ミズノ」

「ちょっとご提案があるんですけど、いいですか？」

部長は黙ったままうなずいた。変わり者で有名なミズノがペンをくるくると回転させる。

「テラシマさんの言ったことは間違ってないと思うんです。若い視聴者は面白い雰囲気を求めてますし、純度の高さも必要です。たとえばシリーズ化されたものが安定した人気を得るのは、そうすることで純度が高まっていくからです。ですから僕ら民放の人間も、ＮＨＫとは違う方法で純度の高さを生まなきゃいけない。そこでご提案なんですが、今の状況で良質なドラマを定期的に作るのはほぼ不可能です。不景気で予算がないですし、働き過ぎで社員も疲れ切ってます。でもそれはテレビが朝から晩までずっと番組を流しているのが問題なんです。たとえば昼のあいだウチは番組を放送しない。その代わり七時から九時までの二時間は、ちゃんとお金をかけて面白い番組を作って流す。そうすれば視聴率もとれますし、局に対する信頼も上がります。スポンサーとも、もっとお互いのためになるようないい関係を作るべきです。テレビ局の在り方そのものを見直すときが来ているんじゃないでしょうか」

会議室にシラケた空気が広がっていく。部長は呆れてモノも言えないようだった。

隣の男が無理やり腕を下に引くようにしてミズノを座らせ、「何やってんだよ」と小声でささやく。

「新入社員じゃねぇんだから現実見ろよ」

「だから見た結果だよ。上がアホだからみんな苦労してるんだろ?」

ミズノは悪びれた様子もなく手もとの企画書に視線を落とした。隣の男はやれやれと首を振っていた。

ドラマ

雰囲気と純度の高さ

6

アニメ編

自然美と人工美

宮崎（ジブリ）アニメ

自然美のアニメ

世の中の娯楽の中では比較的新しいものであるアニメーションは、その生まれた時期が受け入れられ方にずいぶん影響しているようで、年配の人たちよりも若い人たちからの方が圧倒的に支持されている。

ただスタジオジブリが制作する「宮崎アニメ」に関しては、その公式が当てはまらない、言わば日本のアニメ界では特異な存在になっている。幅広い世代に好感を持たれるアニメなわけだが、作品の根幹になっているのは、監督の宮崎駿が描く「線」なのではないかと思う。ジブリアニメは「絵がきれい」だとよく言われていて、それはつまり「美しい線の集まりによって絵ができている」からだと思うのだ。

当たり前のことだけれど、同じ一本の線でも、ちゃんと技術がある人が描いた線と、ない人が描いた線は全然違う。デッサンを積み重ねた人の絵はどんなに崩しても成り立つのと同じで、技術がある人の描く線は、不必要なものが削ぎ落とされた線なのだ。だからもともとアニメーターであり、スタッフの描いたものでも気に入らなければすべて直すという宮崎駿の作るアニメは、単に上辺の絵のきれいさで成り立っているのではなく、研ぎすまされた線の集合で出来ていると言える。

それは日本の中にあるもので言えば、伝統工芸に近いだろう。熟練の作家（たとえば人間国宝になった人たち）の作品を見ていると、すごくシンプルな形や絵柄で作られているものが多いからだ。全体のバランスがとれていて、なんとも言えない調和がある。ジブリアニメが年配の人から若い人まで世代を超えて好かれているのは、それが理由なんじゃないだろうか。卓越した技を持つ人が辿りつくシンプルさは、単純でも表現としての厚みがある。

他に伝統工芸との共通点を挙げるなら、宮崎駿の作るアニメが「自然美（自然の中にある美）」を表現しようとしていることだ。たとえば『魔女の宅急便』では、主人公のキキが着ているワンピースのスカートが風ではためく描写がかなり多く出てくるのだが、その膨らみ方やなびき方が生き物のようで、本当に風を受けている感じがする。これはジブリのプロデューサーである鈴木敏夫さんが言っていたのだけど、これまでのアニメ作品では、髪の毛のなびき方で風を表現していたが、スカートはあまり動かさないのが常識だったらしい。複雑な動きをつけるためには何枚もの絵を描かなければならず、制作期間も大幅に延びるし、それ以前にあそこまでスカートの〝はためき〟にリアリティーを求める人がいないのだそうだ。

他にも『ハウルの動く城』では、登場人物に「カルシファー」という火の悪魔が出てくるのだが、彼の炎の揺らめきや燃え方を現実の炎に近づけるのに、スタッフの中にそれを描ける人がいなかったため、宮崎駿本人がすべて自分で描いたというエピソードがある。実際観ればわかるのだけど、カルシファーの「炎が一度たりとも同じ形をしないさま」はものすごくリアルで自然美を感じる。普通のアニメならパターン化された炎の揺らぎを何度も繰り返すことで記号としての炎を表現するに留まるだろう。まぁもちろん多くの人はそんなところに着目して観ないだろうが、無意識に刷り込まれる感覚としてリアリティーに差は出ると思う。絵の「生き生きとした感じ」を知らないうちに受け取っているわけだ。

宮崎アニメのそういう自然美の再現は、一見ただの作者のこだわりに見えて、結果的に他のアニメには真似できない魅力を作り上げている。また自然美で言えば、久石譲が担当しているジブリアニメの音楽も、やはり自然を感じる音楽になっている。聴いていて心地がいいし、引っかかりがなく体に入りこんでくる。それは風とか光とか木々といったものを、人間の心が何の違和感もなく受け入れるのと同じことだと思うのだ。そんな音楽が宮崎駿の作るアニメに乗っかって、言わば「自然美の二段重ね」になっているのだから、多くの人が惹き付けられるのも無理はないと思う。

ただ少しややこしいことを言うと、宮崎駿は自然美を感じるアニメを作りながら「自然を単なる美しいものだとはとらえていない」ところがある。一連の作品を観ていても、自然は凶暴なものであり、人間がどうこうできるものじゃないという思想が読み取れるからだ。だいたい山や川や森がただ美しいと言っているような人だったら、もっと作るものは全体的に「淡く」なる。それがあれだけの力強さを持っているのは、自然の表裏と言ってもいい美しさと恐ろしさを両方意識しているからだろう。「本当の自然美」を描くのは、そんな誰にでもできるような簡単なことではないのだ。

➁ 若い世代にとっての宮崎アニメ

宮崎アニメが自然美によって成り立っているという指摘をしたが、自然美を感じる表現は広く愛されている一方で、最近の若い人たちには届きにくくなっているのかなと思う面もある。二十歳ぐらいの子たちに訊くと、ジブリアニメは知っていても好きなアニメとしては挙げないからだ。彼らが好むのは自然美とは違う、もっと作られた美しさであり、どちらかと言えば「人工美」の方に傾斜している。これはおそらく若い子たちが昔と比べて普段の生活で自然に接していないのが原因だろう。自然とあまり接点を持たない人間は、あらゆるものを「記号」としてとらえるようになる。

たとえば虫を見たときに、単に「虫だ」と頭で思ったりするわけだ。何虫かという区別がなく、生活に関わってくる虫の名前しか知らない。同じように雨は雨だし、草は草で均一であり、基本的には違いのないものだと思っている。だから若い子たちの好む表現物は「記号の寄せ集めのようなもの」が多いのだが、それで別に違和感を覚えないのだ。なんなら慣れているからそっちの方が気持ちいいと感じたりする（これは僕も他人のことは言えなくて、言葉を使う仕事をしながら、記号的に言葉を用いて楽をしてしまっていることが多々ある。意味が通じさえすればいいと思っている若者の数は恐ろしくたくさんいるだろう)。

そのことを考えると、記号で世界をとらえている今の若い人たちは、宮崎アニメを単にストーリーやキャラクターで観ているのかなと思うことがある。たとえアニメの中に自然がたくさん出てきても、その自然と触れ合った経験が少なければ、記憶を突くこと自体が難しくなる。たとえば濡れた芝生は滑りやすいとか、どんぐりの中にも形のきれいなものとそうでないものがあり、きれいなものはすごく価値があるように見える、などというのは、実際に体験していないとアニメの中で見ても普通に見過ごしてしまう種類のものだろう。

作品の受け取り方なんて観る人の自由と言えばそれまでだけど、宮崎アニメの作品性と現代の子どもたちが暮らす環境には大きな差違があると思う。

ピクサーアニメ

➜人工美のアニメ

国内でジブリと並んで人気なのがピクサーアニメだ。『トイ・ストーリー』『ファインディング・ニモ』などの有名作があり、最近でも『モンスターズ・ユニバーシティー』が話題になった。

宮崎アニメとピクサーアニメの違いは「手描き」か「CG」かというところにある。実際には市場の規模が異なるため、予算のかけ方やスタッフの数にずいぶん差があるのだけれど、誰が見てもわかるのは、やはりその「表現方法」の違いだろう。宮崎アニメを「自然美のアニメ」とするならば、ピクサーアニメは「洗練された人工美」と言ってもいいかもしれない。

もちろん人間が関わっている限り、すべてのアニメは人工美でしかないのだと思う。でも宮崎アニメと比べれば、ピクサーアニメの方がより人工的だというのはなんとなくわかってもらえるのではないか。それは扱っている題材が自然のものじゃなかったり（『トイ・ストーリー』や『カーズ』など）、表現方法がＣＧだからということも関係しているが、一番の理由はもう少し別のところにある。宮崎アニメが一人の天才によって生み出されている感が強いのに対して、ピクサーアニメは「ひとつの優秀な会社が作っているもの」として世間に認識されているのだ。だから誤解を恐れずに言えば、ピクサーアニメはクリエイターたちが集まって（作品というよりも）製品を作っている感じがするのだと思う。

無臭（デオドラント）であること

実際、ピクサーを取材したテレビ番組などを観ていると、会社は建物も敷地も大きく異常にキレイで、いかにも一流企業という雰囲気がある。そして才能のあるクリエイターたちが集団で物作りをしている感じもよくわかる。ピクサーアニメはストーリーや設定やひとつひとつの場面がどれも印象的でレベルが高いが、これらはすべて監督一人がアイデアを出しているわけではなく、社員たちの話し合いによって生まれているのだ。ピクサーでは上下関係がなく話し合いが行なわれるそうで、もっとも優れていると判断されたアイデアが採用されるのだと言う。

この辺りはアメリカ人がディベートが得意だということも関係しているのだろう。意見を交わすときに「誰が言ったか」ではなく「何を言ったか」で判断する。そうすると誰もが遠慮したりすることなく自分の意見を言えるので、議論が活性化して思いがけないアイデアが生まれやすくなる。ピクサーのこの制作方法は、社員全体の士気を高い状態で保てるだろうし、少なくとも「受け身」の人間を生まずに済む。そして結果的に生まれるのは、さっきも言ったが「ひとつの会社が作るもの」であり、「一人の人間の作家性にとらわれない」作品なのだ。

このことはピクサーアニメが広く受け入れられている理由のひとつだと思う。なぜなら世界的に有名な作家の作品がそうであるように、強い作家性は人を惹き付ける反面、アンチもたくさん生むからだ。その点、ピクサーアニメは「アイデアの自由競争化」を採用しているので、特定の人間の趣味や思想といったものが色濃く反映されることがない。宮崎アニメが嫌いという人はけっこういるが、ピクサーアニメが嫌いな人があまりいないのはそのためだろう。

作家性が「におい立つ（自然的）」ものであるとするならば、それがあまり感じられないクリーンな作品は「体臭をうまく抑えている（人工的）」というふうにも考えられる。ピクサーアニメが支持されるのは、そんな「デオドラント感」が漂っているからじゃないだろうか。中でも日本の若い子たちは、よく知らない年配の人が作ったものより好感が持てる面もあるのではないかと思う。

不条理のエンタメ化

ストーリーに関して、もう一点指摘しておきたい。ピクサーアニメは設定がうまいという話をしたが、特に「不条理」の取り込み方が優れている。

たとえば少し前に公開された『トイ・ストーリー3』なら、子どもはいつかおもちゃで遊ばなくなるという（おもちゃにとっての）不条理があらかじめ設定されている。他の作品もだいたい何らかのわかりやすい不条理にキャラクターが苦しんでいて、作品を観始めるともう最初の十分くらいで感情移入してしまうのだ。

マンガのカテゴリーで取り上げた『進撃の巨人』や、2013年10月に劇場公開に至ったほどの人気を持つ『魔法少女まどか☆マギカ』なんかもそうなのだけど、最近当たっているエンタメ作品は、この「わかりやすい不条理」を共感の土台にしているところがあると思う。今は世の中が生きづらいこともあり、受け手の側に不条理に共感しやすい空気ができているのだ。だからわかりやすい不条理を見せられると、苦しみを分かち合える同士みたいに思えてしまう。あるいはその不条理と頑張って戦っている姿を見ることで応援したい気持ちになる（ＡＫＢなんかもこの手法を使っている）。

わかりやすい不条理を持ち込む利点は共感を呼ぶことだけではない。不条理を物語の最初に置くことで、観る人にその問題の解決を願わせる力があるのだ。だから当然物語も「問題の解決」を目的としたものになる。先述の『トイ・ストーリー3』で言えば、子どもはいつかおもちゃで遊ばなくなるという問題を解決するストーリーになるわけだ。そうすると話に明確な方向性が出て、観るポイントが絞られる。

加えてピクサーアニメが優れているのは、その解決の仕方を「安易なもの」や「こじつけな形」にしないところだ。観る人が「えーっ、それでいいの?」と思うようなストーリー展開がない。この脚本がよく練られているがゆえの「展開の無理のなさ」や「着地のうまさ」も、観る人の好感を得ている理由だと思う。まぁそれも作家性がなくなるほどのアイデアが掛け合わされているからできることではあるのだが。

ただちょっと不満なのは、どの作品もそれなりのハッピーエンドになるために、解決できる不条理を選んで作品を作っているんじゃないかと思えるところだ。エンタメ作品なのだからそれでいいのかもしれないが、欲を言えばピクサーにはもっと難しい題材にもチャレンジしてほしい。

僕が前から望んでいるのは、ピクサーが「武器を主人公にした戦争映画を作る」ことだ。主人公は銃弾やミサイルで、彼らは人を殺さなければいけない不条理を抱えている。戦争に使われたくなくて逃げようとする話でもいい。安易なまとめ方をせず、誰もが納得できるストーリーを作れるピクサーだからこそ、武器の視点から見た人間の戦争を描いてみてほしいのだ。

おそらくピクサーの人たちはもうすでにこのアイデアを検討したのだと思う。でもお国の事情もあるし、今までのブランドをすべて壊しかねない題材だから「ないこと」にしているのだろう。でもこれは『トイ・ストーリー』や『カーズ』など、人間ではないものに命を吹き込んで世界を驚かせてきたピクサーにしかできない作品なのだ。もし世に出たら強烈な風刺になるし、アメリカがこの作品を作ることに何よりも大きな意味がある。

深夜アニメ

若者はなぜアニメにハマるか

若い世代にアニメ好きな人が増えている。どうやら深夜アニメを観ている人が多いようで、僕の周りでも「今期のアニメは何を観る」などという会話をよく耳にする。あまり詳しくない人も『けいおん！』（TBSアニメーション）や『涼宮ハルヒの憂鬱』（京都アニメーション）といった作品の名前は聞いたことがあるんじゃないだろうか。なのでこのカテゴリーの最後では「今、若い人たちになぜアニメがウケているのか」を考えてみたい。

まず前提としてあるのは「良質なアニメが増えた」ことと、「それを観る環境が整っている」ことだ。観るだけの価値があるアニメがあり、それを個人で自由に観られる環境が確保されていなければ、今日のアニメ人気は有り得ない。それから「オタク」という言葉を肯定的に受け止める人が多くなったのも大きなポイントだと思う。「リア充」の対義語である「非リア」も少し近いものがあるが、自虐的に使うことによってある種の居場所が作れているし、それがアニメを継続的に観る人たちをキープする土壌にもなっている。

次に考えられるのは、創作物として見たときに、アニメの方が最近のテレビドラマや映画よりも「純度が高い」ということだ。『あまちゃん』でも取り上げたが、今は作品の純度がより高いものが求められている。ドラマや映画に出ている役者は、他の作品にも出ていることがよくあるが、アニメのキャラクターは唯一無二の存在で、その作品の中にしか出てこないのだ。だから嘘っぽさがないし、話にも入りこみやすい。

また、最近の実写モノは若手俳優を多く起用しているが、いくら監督がいるとはいえ、二十代そこらの役者の演技が全員ちゃんとしているかと言うとそんなことはない。でもアニメは作っている人たちがある程度経験を積んだ大人であるために、キャラクターにしっかりと（客観的な）演技をさせることができるのだ。もちろんその辺は作り手の腕にもよるのだが、人気アニメのキャラクターの演技は、マンガ的なものが多いとはいえ、大人が観ても十分に耐えうるものになっている。

そして若い人たちにアニメがウケているもっとも大きな理由だと思うのが、今の世の中に「現実を変えられる」と思えるような希望の種がほとんど見当たらないことだ。アニメは理想の世界ばかり描いているという指摘に対して「疲れるのは現実世界だけで十分だ」と言う人を見かけるが、あれは裏返せばそれだけ今の世の中に希望がないということでもある。彼らにとって現実は「我慢して付き合っていく」ものであって、「主体的に関わって愛していく」ような対象ではないのだ。まぁ実際の世の中はそれが必要なくらいマズイ状況に追い込まれていると思うのだが、何かしら希望が持てない以上、自分たちがやらなければと奮起する人は少ないだろう。

ただひとつ言っておいてもいいと思うのが、若い人たちが主体的に関わって愛していくことそのものをしなくなったわけではないということだ。要はその方向性が違うだけのことなんだろう。持っているエネルギー量の多寡で言えば、昔も今もおそらくそんなに変わっていない。

欲望のあるシーン（アニメ編）

リビングの食卓でアケミは美少女フィギュアを眺めていた。誕生日にオタクの彼がプレゼントしてくれた高価なフィギュア。アケミは四年付き合った彼と別れることを考えていた。

もちろん長く付き合った相手だから感謝もしている。最初はオタクだと聞いて軽いショックを受けたけど、幅広い知識を持っている彼にはいつも感心させられた。服装はチェックシャツばかりだったけど、こだわりがあるわけではなく、プレゼントした服は嫌がることなく着てくれた。キャラが濃すぎる彼のオタク友達との交流もいい思い出だ。

今では好きなアニメがいくつかある。秋葉原は何度も通って好きになったし、オタクの人たちに対する偏見もずいぶん薄まった。でもひとたびケンカになると、彼がオタクであることに耐えられなくなってしまうのだ。どんな些細な問題も、結局そこにすべての原因があるように思えてしまう。

食卓の上でポーズを決めている美少女フィギュアはいじらしげな目でアケミのことを見つめていた。自分が一番好きなキャラクターだから見ているだけで気持ちが和みはするけれど、このうしろに広がっている無限のオタク文化にはやっぱりどうにも共感できない。

アケミはあきらめたように食卓の上におでこをつけて目を閉じた。いつだったか彼が言ったあの言葉を思い出す。それはアケミの彼氏が酒を飲んで酔っ払ったときに漏らした言葉だったが、アケミは今でも一字一句違わずにその内容を覚えていた。

「アニメの中の美少女はさ、日本人が作った最高の人工美なんだよ。生身の女の人がそれに勝てるわけないじゃん。女は自然美？　相手になんないね」

アケミは再び顔を上げると、目の前のフィギュアを軽くこついた。君の存在を否定するわけじゃない。でも人間の女には誰にも作ることができない「心」があるのだ。そのことを彼はまったくわかっていないのだろう。

食卓の上の携帯を取り上げて彼の番号に電話をかける。アケミは聞き慣れた声が「はい」と返答するのを待ってから別れの言葉を切り出した。

7

お笑い編

正しさとツッコミたい欲

マツコ&有吉の怒り新党

「正しさ」が欲しい

お笑いのカテゴリーで『マツコ&有吉の怒り新党』をいの一番に取り上げるのは珍しいかもしれないが、あえてそうした理由は単純に僕が好きだからだ。有吉弘行とマツコ・デラックスの毒舌トークが光るこの番組の魅力は、やはり観る人が「正しさ」をもらえることだと思う。

『怒り新党』は視聴者からの怒りの声に有吉とマツコが答えるという形を取っているのだけれど、二人のトークにはいつも少なからぬ説得力がある。そもそも「正しさ」というのは成り立たせるのが難しくて、これは一歩間違えると一個人の癖のある意見になってしまいかねない。世の中には毒舌を持ち味にしている芸能人が数多くいるけれど、そのうちの何人が実際に世間を納得させているかと言うと、かなり限られてしまうだろう。怒りや意地悪な物の見方で人を惹き付けるのは容易ではないのだ。それに「おまえには言われたくない」と思ってしまう場合もある。

それにしても最近は本当に「正しさ」を求める空気が強まっている。ツイッターでも正しそうに見える意見が大量に票を集めてリツイートされるし、知恵袋などの質問サイトは正しさを模索する人で溢れている。昔と違って年配の人から教わらなくなったことと、（たとえ教わったとしても）より科学的で質の高い見解が求められているのが合わさった結果だと思うが、当分この空気が弱まることはないだろう。

ちなみにお笑い番組やバラエティー番組から正しさを得る方法は他にもある。自分よりもバカに見える人間を笑うことだ。一時期人気があったクイズ番組の『ヘキサゴン』がいい例で、人は自分よりもバカに見える人間を笑うことで自分の正しさを確保できる。説得力のある人に何かを言われて納得したがるのも、人を見下して笑うのも、求めているものは変わらない。結局みんな正しさが欲しいだけなのだ。

誰かがすでに指摘していることなのかもしれないが、日本人がお笑いが好きなのは、今の世の中の正しさがはっきりしていないせいもあるんじゃないだろうか。外国には宗教があるので正しさもわりと見えやすいが、昔からの慣習や道徳が崩れた日本では明確な基準になる正しさがない。

日本にバラエティー番組が多いのは制作費が安いからだという指摘を何かで読んだことがあるのだが、観ている側がまったく求めていなければいくら安くても続かない。世の中の正しさを求める風潮が、その手の番組を支えているのだと思う。

孤独が和らぐ場所

正しさをもらえるのが『怒り新党』の表の魅力なら、裏の魅力は有吉、マツコ、夏目三久アナの関係性だ。本当に仲が良さそうというか、各々のいいところとダメなところをわかった上で認め合っている感じがする。普通は番組ならもうちょっと仕事相手として距離を置くと思うのだが、外見のことも中身のことも、適度に抑制をきかせながら突っ込んではネタにしている。他の番組に出ている時との差が一番感じられるのが夏目アナだ。アナウンサーがあんなにのびのびと仕事をしているのをあまり観たことがない。

じゃあどうしてそんな関係が築けているかと言うと、性格的な部分もあるとは思うが、似たような不幸を経験していることが大きいのではないか。有吉弘行は一度売れてから売れなくなるというどん底を経験し、マツコ・デラックスは〝太ったオカマ〟という有り様で世間に認められるまでに苦渋を舐め、夏目アナは局アナ時代にスキャンダルに見舞われている。全員がそれなりに暗い過去を持っている人たちであり、少し思い切った言い方をすれば、人に見放されたことがある人たちなのだ。お互いにそのことをなんとなく知っているから、話さなくてもわかる部分があるのではないか。

でもだからと言って三人が傷の舐め合いをしているかと言うと、そんなことはない。彼らはみんな人生というのは結局自分でどうにかするしかないことを身に染みてわかっている人たちなのだと思う。だから番組以外ではベタベタしていないみたいだし、それぞれが一人であることを貫いたまま仕事をしている。僕は一人の大物を頂点にした「なんとかファミリー」は好きじゃないけど、集まったときにだけ疑似家族のようになるつかず離れずの関係は観ていて本当にいいなぁと思う。両者の違いがどこにあるのかと言われると難しいが、なんとかファミリーが「派閥的」で、他の人と仕事をするのをあまり良く思わない感じがするのに対して、怒り新党の三人の関係は、誰と付き合おうが構わない、それは各々が決めることで、自分たちが干渉することじゃないと思っている感じがする、というところだろうか。

似たような不幸を経験したから成り立っている関係性とか、変なファミリー感がないというのは、たくさんの人を惹きつける要素ではないかもしれないが、「群れないけれど寂しさはある」という人たちを癒している面はあると思う。僕もそういう人間だからよくわかるのだけど、みんながみんな素直に寂しいと言えるわけではないのだ。『怒り新党』にはそんな「強がり」や「あまのじゃく」な人たちの孤独を和らげる空気がある。

笑ってはいけないシリーズ

➃ 内輪の笑いが面白い

お笑いカテゴリーの二つ目は、大晦日の恒例番組になっている『笑ってはいけないシリーズ』だ。普段ダウンタウンの番組をあまり観なくても、この番組だけは観るという人は多いと思う。

『笑ってはいけない』の面白さの大半は、誤解を恐れずに言えば「内輪ネタ」で作られている。番組内には様々なゲストが出てくるが、その人がそもそもどういう人なのかを知っていなければ笑えないものがあるからだ。そして毎年観ているからこそ面白さがわかるネタもたくさんある。もちろん作り手はそのことを見越してやっているのだが、間口の広さという点で言えば、観る人を若干選んでいるところがあるだろう。

でもそういう内輪の笑いはハマると本当に面白いのだ。実際若い人たちはその内輪の笑いを日常的に楽しんでいる。パロディーものはその最たる例で、ドラマのカテゴリーで取り上げた『あまちゃん』でも、わかる人にしかわからないネタをふんだんに盛り込んでいた。

また、若い人にとって〝内輪の笑いの王国〟と言ってもいいのがネットの世界だ。ネット内で使われるネットスラングはその代表で、言葉を融解させたような微妙な心地よさと面白みは年配の人にはまずわからない種類のものだろう。他にもアニメの『サザエさん』は上の世代の人にとってはただの家族アニメかもしれないが、若い人にとってはそうではない。ツイッターなどでネットの中の面白ネタをよく見ている人にはわかるのだけど、あのアニメに狂気と、ある種のおかしみを感じている人は多いだろう。なぜならネットの世界では、サザエさん一家が永遠に歳をとらないことや、カツオが友達の中島にしょっちゅう野球に誘われていること（磯野～、野球しようぜ）などがしょっちゅうネタにされているからだ。だから若い人はそういうネットでの膨大な「いじりの蓄積」を投影した上でサザエさんを楽しんでいる。本編とは別の場所で共犯関係を作った上で、その違いを楽しむことができているのだ（同じようなことは他のアニメでも行われていて、大方の長寿アニメはその洗礼を受けている。テレビでジブリ映画の『天空の城ラピュタ』が放送されるときに、ツイッターで行われる「バルス祭り」も同じところから生まれた遊びだと思う）。

「ツッコミたい欲」をくすぐる

『笑ってはいけない』はメインの五人を番組スタッフが笑わせる構造なので、基本的にツッコミを必要としないボケっぱなしの番組になっている。それはつまり、観ている人がある程度ツッコミの視点を持ちながら観なければいけないということでもあるのだけれど、この辺りも若い人には問題なくて、年配の人にはハードルが高い理由なのではないかと思う。

このツッコミに関しては、関西の人だからできるということではなく、年齢の問題で、年配の人より若者の方がより「ツッコミ体質」ではある。もちろん人によって多少の差はあるのだが、年配でもかなり上の人と話していると「ツッコミ」という概念そのものが欠落しているように感じるからだ。というか、その世代の人たちはそもそも話が面白くなければいけないという考えがないのだろう。逆を言えば、今は多くの若い人がどこかで話に面白さを求めてしまっているということでもある。

ではなぜ若い人にはツッコミ体質が多いか——、これにはいろんな要因があると思う。ひとつはお笑い番組やギャグマンガを小さい頃から見ていたことだ。僕自身もダウンタウンが昔やっていたコント番組の『ごっつええ感じ』や、うすた京介の『すごいよ!!マサルさん』というギャグマンガにはずいぶん影響を受けている（どちらもかなり人気があった）。特に『ごっつええ感じ』は、『笑ってはいけない』のようにツッコミのいないボケっぱなしのコントが多かったため、笑うためには自分でツッコミの目線を持たなければいけなかった。

また、最近の子は空気を読むのがうまいと言うが、あれは自分や他人が決められたラインを踏み越えないかを常に見ていることでもあるので、おかしな言動に気づいて心の中で様々なことを思う状態を作りやすくしている面がある。

それからもっとも大きな理由だと思われるのが、『怒り新党』のところでも書いた「正しさが欲しい」というものだ。ツッコミは間違っていることを正すものだから、当然それをした人が正しさを得られるわけで、ボケよりはツッコミに回りたいと思っている人は実際かなり多いだろう。ツッコミの役割をキープできれば、自分はダメージを食らうことが少なくなるのだ。だから大きくはそれら三つの要素、「テレビやマンガの影響」「空気を読もうとすること」「正しさが欲しい」が合わさっているのではないかと思う。

若い人たちの心の中にはツッコミが住んでいる。そうなるとどんなことが変わるかと言えば、ツッコミを前提としたものが世に出てくるのだ。たとえばゆるキャラなどは完全にそのジャンルに入る。存在そのものがどこかボケているところがあるので、観る人のツッコミを含んだコミュニケーションをすることができるのだ。中でも僕が個人的に好きな「ふなっしー」は、他のゆるキャラよりもはるかに多くのツッコミを見越した上で作られている。でなければゆるキャラのセオリーである「しゃべらないこと」や「俊敏な動きをしないこと」をあんなに壊したりはしないからだ。

若者のつっこみたい欲がこの先の時代にどういう影響を及ぼすかはわからないが、ひとつ言えるのは、頑張っているのにツッコミがいのあるものは世の中を明るくするということだ。これはもっと政治の世界などでも利用されるべき考えだと思う。

大御所がいることで生まれる笑い

『笑ってはいけない』が面白い理由の最後は「ダウンタウンが出ているから」というものだ。なんだそれはと思われるかもしれないが、彼らがいることで成り立っている笑いはたくさんある。中でも僕が好きなのは、ダウンタウンが大御所であるがゆえに生まれる笑いだ。

これはお笑いの世界がしっかりとした縦社会だから成り立っていることでもあるのだが、最近のお笑い番組には、時代を作ってきた大御所が若手や中堅の芸人と絡むことで生まれる面白さというのがよく見られる。『とんねるずのみなさんのおかげでした』は特にそれが多いし、ダウンタウンの『リンカーン（2013年9月終了）』などでも同じ面白さを感じることが多々あった。若手が先輩を怖がったり、逆にぞんざいに扱うことでパワーバランスが変動して面白くなるのだが、最近は作り手の側もそれを活かした企画を考えているので、よりエンターテイメント的にその笑いの形が使われているように思う。『笑ってはいけない』で言えば、大御所なのに何回も尻を叩かれているところに、観ている側の喜びがある。あまり実感がないかもしれないが、若手が笑って尻を叩かれても、やはり面白さには欠けるだろう。

でも少し細かいことを言えば、そういう大御所がいることで生まれる笑いが当たり前に見られるようになるまでには、それ相応の歴史があるのだ。そもそもお笑い番組は、昔はすごく地位が低くて、今のようにゴールデンタイムを席巻してはいなかった。それが漫才ブームやスター芸人の活躍のおかげで少しずつ大衆の人気を獲得し、最終的にはお笑いの世界から政治家を輩出したり、映画監督として世界で認められる人が現れて、お笑い芸人の地位が向上したのだ。お笑い界のベテランが社会的にも評価されている人になり、だからこそ今のこの大御所がいることで生まれる笑いが成立している。言わばお笑い界は、何十年という時間をかけて、それができる土台を作ってきたのだ。

だからこの笑いは一朝一夕で作れるものではないという点ですごく価値のあるものだし、それゆえに安定感もある。僕が今テレビを観ていて無条件に面白さを感じてしまうのも、やはりそういう部分なのだ。お笑い界は上が詰まっていて面白くないという声もよく聞くが、まだあと何年かはこの時間の経過が作り出した贅沢な笑いを観ていたいなと思う。明石家さんまやとんねるずやダウンタウンらがその場にいるだけで生まれる笑いは、おそらくもう今だけしか観ることができない貴重なものだと思うのだ。

お笑い界の懐の深さ

お笑いに憧れる若者たち

お笑い芸人になりたいと思う若い人が昔よりも増えているらしい。ＮＳＣなどの養成学校にも毎年たくさんの若者が入学しているらしいけれど、興味深いのはお笑い界の門を叩く人たちの種類が少し変わってきていることだ。

昔は学校のクラスで一番面白かった人がお笑いの世界を目指していたと思うのだが、最近では引きこもりの人や、他人とコミュニケーションをとるのが苦手な人が「自分を変えるために」目指すことが多いのだそうだ。たしかに言われてみれば最近の若手芸人（特にピン芸人）には友達がまったくいないんじゃないかと思うような根暗な人が少なくない。

彼らはたぶんお笑いの世界で天下を獲ろうだなんて思っていないのだろう。そもそもの始まりが「俺が一番面白い」ではないのだし、ひょっとしたらある程度のレベルまで達したら満足な人もいるかもしれない。メディアに露出していない芸人さんたちの中には、もっと消極的な人もいると思う。きっとイメージ的には、みんなとうまくやれている魅力的な自分になれたらいいと願っているのだ。コミュニケーションの手段としてのお笑いというか、みんなのいる世界に入っていくための手段がお笑いなのだろう。

そしてそういう人たちは、おそらくお笑い芸人になりたい人だけに限らない。観る側でも同じことを思っている人は多いだろう。でなければ根暗な芸人さんを本気で応援する人がいないし、お笑い好きの若者はもっと少ないはずだからだ。お笑いの世界では「見た目が良くない」とか「暗い」とか「友達がいない」なんてことが当たり前のように語られるが、観ている人はその事実に共感して、ネガティブな要素が笑いに転じて受け入れられていくことに癒しを感じているのだと思う。

実際今の世の中には、自分たちが「マイナスだ」という意識を持っている若い人たちが多くいる。見た目やコミュニケーション能力、恋人の有無、友人の多さ、学歴、仕事、貯金、結婚しているかどうかに至るまで、すべてに評価軸があり、平均より上か下かを自然と自覚させられるからだ。下の評価が多ければ多いほど体にはマイナスの意識が刷り込まれ、自信を失って人の目ばかり気にするようになる。そうなるともう、劣等感を抱えて生きていくか、他人を否定して現実から目を背けるしかない。だからみんなどこかでマイナスがプラスに変わらぬものかと試行錯誤しているわけだが、そのときに擬似的な救いになるのがお笑いの世界なのだと思う。実際に自分がそこに入らなくても、芸人さんのようなコミュニケーション能力を身につけたいなぁと思っている人もいるだろう。

自分を変えたくてお笑い芸人になりたい人も、マイナスをプラスに変えるお笑いの世界に癒されている人も、望んでいるのは「自分が受け入れられる」ことなのだ。バラエティー番組がいじめの原因を作っているなどとも言われるが、どうにもならない自分の存在を受け止めてくれる温かさがお笑いの世界にはあると思う。

欲望のあるシーン（お笑い編）

持ち帰ったコンビニの袋をテーブルに置き、コートを脱いで、とりあえずメイクを落としにいく。サチコはすっぴん特有のすっきりとした気分でリビングに戻ると、さっきの袋からポテトチップスを抜き出した。ベッドとローテーブルのあいだに座ってテレビの電源を入れ、ハードディスクが立ち上がるのを待ってから録画リストを開く。録りためているお笑い番組。サチコはリモコンでカーソルを上下させながら何を観るかを考えた。まだ観ていないものを消化したいところだけれど、五時間後にはまた仕事だ、あまり面白くないものを観て逆にダメージを受けることだけは避けたい。

熟慮の末に何度か観ている自分の中の鉄板番組を選んで再生した。ポテトチップスの袋を開け、ひとつ口に入れるなり得られたブレないおいしさに安心する。お馴染みの音楽と共に番組のオープニングが始まると、まるで仲の良い友だちに会ったみたいに気持ちが自然とゆるんだのを確かに感じた。

暗い部屋を照らすまばゆい画面。そこに重なる笑い声とポテチをぱりぽりと食べる音。気楽だし、誰にも迷惑はかけていない。この程度でおさまっているのだから安あがりな方だと思う。それでも、とサチコはときどき考える。こんなことをしないと働き続けることができない今の自分ってなんなんだろう。ちょっと余裕がなさすぎないか？

テレビの中の笑い声が急に遠いものになる。サチコはしばらく物思いにふけっていたが、面倒臭いことを考えるのはやめにした。これを観終わったらさっさとお風呂に入って寝てしまおう。一度立ち止まってしまったら、次動き出すのにまた時間がかかってしまう。

8

音楽編

「寄り添われたい」と
「楽しませてくれ」

Mr.Children

寄り添われたい

近年の音楽業界は本当に浮き沈みが激しくて、数年前には絶大な人気があったアーティストでも、今は落ち目だと言われている人がたくさんいる。そんな中で「Mr.Children」は長期にわたって安定した人気を維持している数少ないバンドだ（一時期低迷したと言われたこともあったが）。CDの売り上げだけを人気のバロメーターにするのではなく、好感度や信頼感という点で見るなら、ミスチルのファンは年々増えていっていると言ってもいい。

ファンが増える一番の理由は、大前提だが「曲の良さ」があるからだろう。ミスチルの音楽が若者から圧倒的な支持を得るのは、メロディーラインがキャッチーなこと、歌詞がいいこと、バンドのフロントマンである桜井和寿の特徴的な声や歌い方などが理由として挙げられるが、そのすべてが合わさった結果生まれているのが、ミスチルの音楽特有の「説得力のある気持ち良さ」なのだと思う。ミスチルの曲がなぜいいかという意見をネットなどで見ていても、「迷ったときに支えてくれる」とか「上から物を言うのではなく、横に並んで答えを出す手助けをしてくれる」という意見が多い。もしノリや気持ちを熱くさせるだけの音楽なら、こんな感想は出てこないだろう。

答えを出す手助けをしてくれるということは、言葉にならない感情をうまくつかまえて、それを外に吐き出す手伝いをしてくれるということだ。これはつまり「相手に寄り添うのがうまい」ということでもある。ファン層の中心である若い世代は、そうして「誰かから寄り添われること」を求めているところがある。自分の納得のいく形で不安をやわらげてほしいのだ。

ではなぜ今の若い人は寄り添われることを求めているのか。ひとつは主に女性に限った理由なのだが、ある種の女の人たちは、男の人に寄り添ってほしい願望を持っている。よくどんな男の人がタイプかと訊くと「優しい人がいい」と答える人がいるけれど、あれは多くの場合「寄り添ってくれる人がいい」と同義だと思うのだ。おそらくそういう女の人は、弱っているときに側にいて自分を支えてくれる存在を必要としているんだろう。

そしてもうひとつの理由は男性も含めたもので、若い人たちは「自分の生き方を肯定してほしい」と思っている。今のような社会が明確な方向性を持っていない時代は、自分のしていることが正しいのかどうか不安に思うことが多い。だからそういうときに誰か信用のできる人が寄り添って生き方を肯定してくれると、まるで背中を押されたように前に進むことができるのだ。というか、今はそうすることでしか方向性を作れない時代なのだと思う。本人の意志とは関係なく向かうべき道があった時代とは違うのだ。

➔客観性のある歌い手

ミスチルの楽曲が寄り添う力が強いのは、作詞作曲をしている桜井さんの影響が大きいと思う。他のメンバーの功績を軽視するわけではないのだけれど、楽曲の核になるものを生み出し、ボーカルとして聴き手との密な関係を作る役割を担っているのは、やはり彼でしかないからだ。

桜井さんが他人に寄り添う力を持てるようになった要因（と予想できるもの）はいくつかある。結婚したり父親になったりすることで、人間として様々な経験をしていることや、自分たちの音楽を支持してくれる多くのファンに出会ったこと。それから一度病気をしたことで、弱い人の立場がよりわかるようになった面もあるのではないか。大病をして治った人は、以前よりも社会に目が向きやすくなるとも聞く。

でも、もし他の人が桜井さんとまったく同じ経験をしたとしても、彼ほどの寄り添う力は持てないと思う。なぜならその寄り添う力の源は、桜井和寿という人に備わっている「優れた客観性」にあるからだ。

「寄り添う力」と「客観性」は一見つながりがないように見えるが、実際は密接につながっている。一瞬寄り添うだけならまぐれでもできるかもしれないが、誰かに寄り添い「続ける」ためには、刻々と変化する他人の心に自分を合わせる「細かな修正」が必要だからだ。そしてその細かな修正は、物事や相手との関係性を常に客観視していないと得られない。この辺りが「寄り添う」ということの難しさなのだと思う。ただ単に寄り添いたいと思うだけでは、自分の気持ちの押しつけになってしまいかねない。

ミスチルの曲には世の中を斜めに見ているような毒のあるものも多いのだけど、批判ができるということは、相手を突き放せるということだ。寄り添いたいという気持ちを持ちながら、それが押し付けにならないように、いつも適度な距離をとること。優れた客観性を持っていなければできないこのバランス感覚をずっと維持しているからこそ、ミスチルの曲は受け手の心の支えになるような安心感と説得力を持っているのだと思う。

仲が良いこと、エコであること

あと二点、ミスチルの魅力を高めている補足的なことを書いておく。まずひとつめは「メンバー同士の仲が良さそうなこと」だ。ライブのＤＶＤに収録されているレコーディング映像なんかを観ていても、ミスチルは本当に仲が良さそうに音楽を作っているように見える。男同士だからベタベタしているわけではないのだが、みんなでいいものを作ろうという雰囲気がごく自然な感じで出ているし、喋っているときもよく笑っていたりして、しっかりとした信頼関係ができているのが伝わってくる。全員が学生時代からの付き合いらしいので、もう今さら隠すものがないのだろう。

そういう姿を見せられると、ファンの人は嬉しくなる。特に若い人は「自分の好きな人たちが仲良さそうにしていたり、お互いに信頼し合っているのを見るのが好き」なのだ。これは横のつながりを重視する現代の若者ならではの物の見方だと思う。ジャニーズグループの「嵐」なんかも、その嬉しさが魅力として上乗せされているし、サッカーが面白がられているのも同じ理由で、今は「グループの中にある関係性」が観る人の娯楽になっている。これが一人だったりすると、なかなか愛されている様子が見えないので楽しみが得られにくくなってしまう。

もうひとつは「Bank Band」の活動だ。桜井さんとミスチルのプロデューサーである小林武史、そして音楽家の坂本龍一が2003年に設立した「ap bank（環境保護や自然エネルギー促進事業などに取り組む個人や団体へ低金利で融資する非営利団体）」の活動資金を集めるためにスタートした「Bank Band」での活動は、現在のミスチルに「エコ」のイメージをつけたと思う。もちろんイメージをつけるために始めたわけではないだろうけど、今の時代はそのことに触れているかいないかで多少印象が変わるのも事実ではある。特に若い世代の人たちは、物が大量に売れることに、そこまでの価値を見出すことができない傾向があるからだ。

この意識は世代間でだいぶ差があると思われる。大量に物を作って売ることが世の中を良くしていくと疑いなく信じて生きてきた世代と、その経験が一度もない世代では、どうあがいてもエコに対するイメージの持ち方に違いがある。物質的な豊かさが決して精神的な満足にはつながらないと最初からわかっているために、環境保護の活動に取り組んでいると思うだけで（安易ではあるが）信用が増すのだ。おまけにミスチルが一つ上を行っていると思うのは、その活動をしている自分たちに変に酔っている感じがしないところだ。世間的に見て正しいと思えるようなことをしていると、人は「いいことをしている」と思いがちだが、彼らの場合はそうではない。ちゃんとブレーキが踏めているのだ。歌詞の中にもそれがうかがえる箇所があるので、僕の勝手な解釈になってしまうが引用する。

今　社会とか世界のどこかで起きる大きな出来事を
取り上げて議論して
少し高尚な人種になれた気がして
夜が明けて　また小さな庶民

環境保護に取り組んでいる人がこんな歌詞を書くのだから、ついつい共感してしまう。もちろんすべてが計算だと意地悪な見方もできるけれど、今の若い人たちが求めているのはこういう客観性だと思うのだ。世の中に冷めた目線を向けることができる分、自分のダメさを認めている若者は少なくない。

余談だけれど、カラオケで男の人にミスチルを歌われてもいまいちだと感じることが多いのは、この客観性を持っている人がまずいないからだ。高音がでるか出ないかの話ではない。誰かのためにミスチルを歌って悦に浸るのはいいのだが、そんな自分を同じくらいバカだなぁと笑えなければ、ミスチルを歌って喜ばれるだけの説得力は得られないだろう。

EXILE

セルフプロデュースの魅力

国内のCD売り上げランキングで、ここ数年必ず名前が載っているのが「EXILE」だ。彼らが今若い人たちに絶大な人気があるのは「セルフプロデュースの成功」が大きな役割を果たしているからだろう。まとまりとしての「らしさ」があって、メディアの中での留まり方がうまいのだ。

まずエグザイルという言葉を聞いたときに、それだけで浮かぶイメージがある。見た目のいい男たちの集団で、ダンスがうまく、歌をうたっている人が二人いる。片方はサングラスに丸刈りで、全員が黒っぽい衣装を着ている。EXILEにまったく興味がなくても、これくらいのイメージは瞬時に思い浮かぶのではないだろうか。

このことがもうすでにセルフプロデュースに成功していると言える。なぜなら世の中のほとんどのグループは名前を聞いたことがある程度であって、そんなふうにグループの特徴をつかんだ全体像をイメージできないからだ。たとえばロックバンドの「BUMP OF CHICKEN」は有名だけど、彼らがどんなグループかを説明してくれと言われたら、ファンでない人には難しい。だからEXILEのように、世の中の人がぼんやりとでもグループの特徴や全体的なイメージを共有していることは、現代ではけっこう珍しいことなのだ。

こういうセルフプロデュースによるイメージの共有をうまく使っているグループは他にもある。女性三人組のダンスユニットである「Perfume」がそうで、彼女たちも三人がそれぞれの見た目（髪型と服装のタイプ）を変えないことで、ファンではない人にもイメージの全体像をつかみやすくしている（ボブで短パン＝のっち、ロングでミニスカート＝かしゆか、セミロングで膝丈スカート＝あ～ちゃん）。EXILEもPerfumeも、自分たちのイメージをつかみやすくすることが存在感を高める方法だということを知っているのだ。しかもどちらもグループの在り方が「大所帯のダンス&ボーカルユニット（EXILE）」「テクノポップアイドル（Perfume）」というようにオリジナリティーに溢れている。この二組のセルフプロデュースのうまさは業界屈指と言えるだろう。

また、EXILEのすごいところは、発しているメッセージまでもが明確であることだ。彼らは「Love,Dream,Happiness（愛、夢、幸せ）」というグループのコンセプトを持っているのだが、それを自分たちの活動の指針として、ことあるごとに表明している。この「メッセージの明快さ」と、さっき言った「存在の鮮明さ」がEXILEの最大の武器だと思う。好かれるか嫌われるかは別にして、ここまですべてが明確だと、自分たちのポジションを確保できるからだ。そしてこの「ポジションを確保する」ということが現代では大きな価値を持つ。

誰もが好き勝手なものを信じている今みたいな時代では、大多数が絶賛するようなグループはまず生まれない。受け手の側がいじわるな目線を持っているし、匿名性が与えられるネットの世界がある限り、否定的な意見は自然と積み重なっていくからだ。そういう世の中では送り手がその否定の声を気にしていると、何も生み出せなくなってしまう。だから重要なのは「変わることがない自分たちのポジションを確保して無視できない存在になる」ことなのだ。そうすればその在り様に賛同する人が勝手にファンになってくれる（ツイッターのｂｏｔはこの方法にすごく近い）。EXILEの

ように メッセージの明快さと存在の鮮明さがあれば尚更だろう。
セルフプロデュースに長けているグループはある意味「いさぎよい」のだと思う。すべてを欲しがらず、捨てるものは捨てて得るものを得るやり方は、いかにも今に合っているやり方だなぁとEXILEを見ているとよく思う。

ダンスに対する好感度

素人でもやりやすい冒頭のぐるぐるダンスがウケているのか、EXILEの「Choo Choo TRAIN」という曲の振り付けを結婚式の余興などでやる人が増えている。いつのまにか浸透したこの「ダンスを支持する風潮」も、EXILEの人気を支えている要素のひとつだ。実際今この国の人たちは、いつのまにそんなに好きになったんだろうと思うくらいダンスに好感を抱いている。

まず子どもたちのダンス人口が急激に増加しているらしい。音楽業界で多くのダンスグループが活躍していることや、小学校、中学校の一、二年生の保健体育でダンスが必須科目になっているのが理由だそうだが、そのおかげもあって日本の子どもたちのダンスレベルは昔よりもずいぶん高くなってきているのだという。それだけダンスが親しまれ、市民権を得ているということなのだろう。もちろん子どもが好きならば、親も巻き込まれることになるので、家族ぐるみでダンスを支持している人たちがいることになる。

そして若い人たちのあいだでは『ダンスダンスレボリューション』というゲームが今も根強い人気を持っているし(ゲームセンターの入口辺りにある機械の上で、熱心にステップを踏んでいるのを見たことがある人は多いだろう)、高校の部活動や大学のサークルでダンス部に入っている人が多いのだという。他にもネットの動画サイトには「踊ってみた」というタイトルで、様々なダンスユニットやアーティストたち(Perfumeや嵐など)の踊りを真似している子たちがいる。素人なので当然レベルはピンキリなのだが、評価の対象になってまでダンスを見せたいと思っている若い子が増えたのは、昔では考えられなかったことだろう。踊ることはかっこいいことであり、恥ずかしいことではなくなったのだ。

また、ダンスは「かっこよさ」を得るためだけに求められるものではない。少し前には、自治体の職員や企業の社員が、広報活動の一環としてＡＫＢの「恋するフォーチュンクッキー」という曲の振り付けをみんなで真似するのが流行っていた。一曲分の振り付けをいくつものパートに割り振って撮影し、すべての映像をつなげてひとつの作品として仕上げているのだが、踊っている人たちも楽しそうだし、観ている側の評判もいいようで、動画サイトの再生回数はかなりのものになっている。ＰＲになったのはもちろんのこと、役所や会社の風通しが良くなったような感じさえ受けるのだ。

では、なぜこんなにも「踊ること」が支持されるのか。それにはいくつかの理由があって、まず言えるのは、若い人たちが「言葉でないものを支持するようになってきている」からだ。ネットスラングやラインのスタンプなど、明確に言語化しないコミュニケーションが好まれるのを見てもわかるように、今の若い人たちはコミュニケーションに「遊びや楽しさ」を求めている。意味の伝達は二の次であって、それよりもエンターテイメント性が重視されるのだ。ダンスはその基準をしっかりと満たしていると言えるだろう。

また、これは想像なのだが、若い人たちは「話し合うよりもダンスの方がわかり合える」と思っているのではないか。人は普通、他人とわかり合おうと思ったら、かなりの量の言葉を尽くさなければいけないが、ダンスなら同じ振り付けをみんなで合わせて踊るだけで、なんとなく打ち解けたような気持ちになれるのだ。最近は面と向かって話すのが苦手な人も多いので、対話をせずにつながることができるならという理由で、ダンスに取り組んでいる人もいたとしてもおかしくない。

こんなふうに「ダンスに対する好感度」は日に日に上がっている感があり、おそらくこれからもこの傾向は続くと思われる。個人的には一般人や芸能人がそんなにレベルの高くないダンスを披露して楽しむテレビ番組がそのうちできそうな気がするのだが、どうだろうか。

楽しませてくれ

最後にエグザイルを含む音楽業界すべてに対して若い人たちが何を求めているかを指摘しておきたい。これはもはやすべての業界に言えることなのかもしれないが、今は受け手がエンターテイメントに対して「受け身になりすぎてしまっている」のだ。CDが売れなくなったのもおそらくこれが原因で、自分に何か大きなメリットがないと思えなければ、買うという行動自体を起こさない。でもちょっと記憶をさかのぼってみてほしいのだけど、昔はここまで受け手の側が王様にはなっていなかった。世の中に物が溢れたことや、再生機器の発達（iPodなどの登場）がこの状況を生んだんだろう。自分が望んだときに快感が得られるのが当たり前になったことで、作り手よりも受け手の方が今は偉くなっているのだ。

だからもしCDがちゃんと売れるような世の中にしようと思うなら、片方が手を伸ばしているだけの送り手と受け手の関係を回復させないといけない。やり方は一つではないだろう。AKBのようにシステムによって受け手を能動的にする方法もあれば、ももクロのように自分を守ろうとしないことで応援したくなる気持ちを起こさせる方法もある。最後に、個人的に気になる方法で（本人はそんなつもりはないだろうけど）受け手の気持ちを引いている人がいるので紹介したい。

宇多田ヒカル

自分の言葉を持つ強さ

現在休養中の宇多田ヒカルは相変わらずメディアやファンの人たちに求められているように思う。デビュー当時の爆発的な人気は落ち着きを見せたにしろ、彼女に興味を持っている人はおそらくかなり多いだろう。送り手と受け手の関係は双方が手を伸ばしあっている。その理由は今だと「休んでいるから」に思われがちだが、事実は彼女が「自分の言葉を持っている」からだ。

自分の言葉を持っているとはどういうことか。それは「自分の頭で考え、正直な思いを語れる」ということだ。そしてそれを社会で通用させるためには、言葉が伝わるように最大限の配慮をし、言ったことの責任を自分でとらなければいけない。ここまでできて初めて自分の言葉を持てるわけだが、これができると、人はその人の話に耳を傾けたいと思うようになる。言葉に社会性がある上に、想いと実感がこもって説得力が出るからだ。

今世の中で求心力のある人はたいがいこれを身につけている。ただ宇多田ヒカルはその中でも変わっていて、言うなれば「限りなく普通のことを話せる人」だと思う。最近彼女は再婚したが、その発表の仕方が実に素朴だったように、自分の言葉で「普通のこと」をごく普通に語っているのだ。これがいかに難しいかはなかなか説明できないのだが、たとえば「自分がもし宇多田ヒカルの立場だったら?」という仮定をしてもらえれば少し想像ができるかもしれない。才能だけではまかないきれない努力が、そこに見えるのではないかと思う。

欲望のあるシーン（音楽編）

シャッターが降りた夜の商店街のアーケードの下で、テランマはアコースティックギターを弾きながら歌っていた。仕事帰りのサラリーマンなど、それなりに人通りはあるのだが、みんな立ち止まることもなくスマホをいじったりしながらテラシマの前を通り過ぎていく。中にはそこそこうまいテラシマの演奏に足を止める人もいたけれど、結局一曲が終わらないうちにいなくなってしまった。しかしそれでも今日のテラシマは満足だった。正面に大学生くらいのそこそこかわいい女の子が立っていて、テラシマの演奏を聴きながらずっと目をうるませていたからだ。

「……ありがとうございます。次は僕のオリジナル曲を聴いていただきたいと思います」

短いMCを挟んで「ジャーン、ジャン……」とギターのイントロが流れ始める。この曲はテラシマの自信作だった。普段ライブハウスなどで演奏するときも、ここぞというときに聴かせる「鉄板」のラブソングなのだ。今日は練習のためにこんな商店街の隅っこで路上ライブをしているが、テラシマはいくつかのレコード会社から声をかけられている将来有望なシンガーソングライターだった。

いつも通り気持ちを込めて歌いながら、テラシマは少しだけ自分に酔っていた。俺は今この子と通じ合っている。互いの心が絡まり合い、大事な何かを交換し合う、こういう瞬間がときどきあるから、自分は音楽を続けられるのだ。ゆっくりと弦をかき鳴らして演奏が終わると、テラシマは軽く頭を下げてからギターを片づけて女の子のもとに歩いていった。

「あの、もし良かったらCDあるんで……」

「あ、大丈夫です……そういうんじゃないんで」

「え?」

「こないだ別れた彼氏がミュージシャン目指してたんです……思い出したら泣けてきちゃって……」

テラシマはCDを手に持ったまま「あぁ……」と言ってうつむいた。完璧に通じ合っていると思っていたが、自分の曲で泣いていたわけではなかったのだ。

「すいません……でも、演奏は良かったです」

指で涙をぬぐう女の子にとりあえずの礼を言いながら、テラシマは自分が慢心していたことを恥ずかしく思った。誰かの心に寄り添えたと思っても、聴いている側が何を考えているのかは実際にはわからないのだ。忘れがちだけど忘れてはいけないそのことを、自分はちゃんと胸に刻んで精進していかなければいけない。

テラシマは現実と折り合いをつけるように短く息を吐き出すと、去っていく女の子の背中を見送ってから片づけを始めた。

音楽

「寄り添われたい」と「楽しませてくれ」

9

パーティー編

期待と口実

婚活

⬇ 損をしたくないからこその選り好み

「パーティー編」と言われてもなんのことかわからないかもしれないが、このカテゴリーでは近年流行っている社交的な会や集まりを三つ取り上げたいと思う。

まずひとつめは「婚活」だ。結婚活動の略称であるこの言葉が初めてメディアで使われたのは２００７年11月に発売された『ＡＥＲＡ』が最初と言われているが、あっという間に広まって世の中に定着した感がある。晩婚化や女性の社会進出による結婚観の変化などが背景にあったことで言葉が受け入れられる下地ができていたのだろう。

もちろん一口に婚活と言ってもいろいろあって、結婚相談所に登録する真剣な婚活から、友達との会話の中で「そろそろ婚活しなきゃ」と話す程度のものまで様々だ。

ただひとつ言えるのは、おそらくほとんどの人が「好きで婚活をしているわけではない」ということだろう。婚活という言葉は広く受け入れられているが、大抵はみんな仕方なくやっているわけだ。

じゃあ本当はどうしたいかと言うと、ほとんどの人は自然な恋愛結婚がしたいと思っている。となると、恋愛がうまくいかない、あるいは恋愛そのものができないから婚活が生まれていることになる。言わば恋愛がちゃんと機能しない「しわ寄せ」が婚活に来ているわけだ。

ではなぜ恋愛が結婚につながらないのか。これは人それぞれなので一概には言えないが、比較的よくあるのは、女性側が結婚を望んでいるのに、男性側が乗り気でないケースだ。女の人は子どもを生む年齢のリミットがあるために、こういう形で揉めているカップルは多いと思う。

男の側が結婚に乗り気でない理由ははっきりしていて、男の人は付き合うときはストライクゾーンが広いのだが、結婚となると「選り好み」をする。なぜかと言えば「損をするかもしれないから」だ。付き合うだけなら何の問題もないのだけれど、結婚で相手を間違えると大きな損をすることになる。女の人は「えっ」と思うかもしれないが、男の人はそう考えている人が多いと思う。

なぜ損をすると思うのか。よっぽど働かない人は別として、大抵の男の人は結婚したら相手を一生養っていかなければいけないと思っている。共働きにするにしても、子どもができたら女の人は仕事を休まざるを得なくなるし、なんにせよ男の人が仕事を辞めるという選択肢はない。家族のために働くのが当たり前になり、自分が使えるお金は制限されて、自由はどんどん奪われていく。この人のためならそれでもいいと思える相手でなければ、そんな生活は男の人にとって損でしかないだろう。そして女の人はこれを聞くと怒るだろうが、単に付き合っているだけの関係なら、男の人はそこまで損をすることがないのだ。いろいろ問題はあるにしても、なんだかんだ自分の居心地の良さをキープしたまま、恋愛のいい部分を享受することができる。

これに対して女の人は「付き合う前に選り好みをする」ことが多い。男の人に比べると女の人は恋愛を大事にするし、体の関係においても圧倒的にリスクが高いので、ある程度信用できる、あるいは信用してもいいと思える相手でなければ付き合わない。だから女の人は付き合う時点で損の問題が解決されていることが多いのだが、男の人はさっきも言ったように、付き合ったとしても同じ損の問題が「残ったまま」になっている。この事実を無視したまま女の人が結婚を望むから、大抵のカップルは噛み合わないのだ。

また、もうひとつ気にかかるのが、女の人も損をしないための選り好みをして男の人を傷つけていることだ。たいして好きでもない人にご飯をおごってもらったり、付き合わなくても大事にされることを求めるのは、男の人がまずやらない種類のわがままではある。それによって女の人を信じられなくなった男の人は多いだろう。そしてそういう人たちが女の人に不信感を持ったまま婚活市場で理想の人を探そうとする。

婚活とは、恋愛における「男女の損をしないための選り好み」のしわ寄せである部分が大きいと思う。それは仕方のないことだと言ってしまえばそれまでなのだが、選り好みを当然のものとして認めると、傷つく人ばかりが増えてしまう。自由恋愛を楽しむのは賛成だけど、結果的にどうなるかを考えないと、晩婚化は進む一方だろう。

結婚に対する過度の期待

恋愛がうまくいかないことが婚活を生んでいるのは事実だが、婚活が流行っているもうひとつの理由は、取り組んでいる人たちが「何かしらの期待をしている」からだ。この婚活における期待が何かと言えば、これはおそらく「自分にぴったり合う人がどこかにいる」というものだろう。みんなその可能性にかけて婚活に励んでいるわけだし、もしそれがなかったらきっとバカらしくてやっていられないはずだ。

ただちょっと問題なのは、その期待の大半が「早く相手を見つけたい」という焦りに変わってしまっている場合だ。そうなると知り合う相手を始めから打算的な目で見てしまうので、人間的な感情を介した交流や歩み寄りがどうしても生まれにくくなる。婚活パーティーの体験談を読んでいると、こういう思考回路で動いている人たちがいっぱいいるようで寒々しい気持ちになるのは僕だけだろうか。いくら幸せをつかむためとはいえ、打算で人と付き合うのなら、人間の魅力なんて全部数値化できると言っているようなものだろう。

そもそもこんなふうに人間的な交流を重ねなくても結婚をしたいと焦ってしまうのは、結婚することが幸せで、それ以外の生き方は不幸だという風潮が世の中にあるからだ。実際欧米の人から見ると日本の婚活は異常だそうで、結婚でその人の人生の価値が決まるなんて馬鹿げていると呆れる人が多いらしい。欧米の方が女の人の生き方にもっと幅があるのに対して、今この国の若い女の人たちは「結婚以外の幸せが何かわからなくなってしまっている」のだ。現に結婚がしたいというよりも、それ以外に人生を明るくする方法がないから結婚しようとしている人もいると思う。

これがメディアの影響であるのはもう散々言われてきていることだろう。メディアが商業的な利益を生もうとするのは仕方のないことだけど、結婚しないと孤独死しますよ、とか、子どもを産みたくないですか、という煽り方は、女の人の人生に焦りを持ち込んで、それ以外の生き方を想像する力を奪ってしまう。実際結婚を焦っている女の人は「もう一人で生きていく力がありません」と言っているようで、(男の僕からすれば)本来の人間的な魅力はどこへ行ってしまったんだろうと思うことも少なくない。

とはいえ、これは僕が三十歳の男だから言えることなのだろう。もし自分の性別が女で、まだ独身だったとしたら、こんな強い意見は到底言えなかったと思う。要はそれだけこの国に結婚至上主義的な空気が蔓延しているということなのだ。今の時代に生きている若者で、この空気を完全に無視して生きるのは相当難しいことだと思う。

女子会

➜幸せに生きたい女たち

パーティー編のふたつめは、婚活とは違って好んでやっている人が多い「女子会」だ。女子会という言葉は本当によくできている言葉だと思う。女の子でもなく、女性でもない、女子の会。このネーミングに、いい意味でのずるさや甘さと、男がいるとやりにくいという意味合いがうまく集約されている。

もともとは居酒屋チェーンの「笑笑」が女性客を取り込むために『わらわら女子会』というものを作ったのが始まりらしい。でももちろんただ単に言葉を作っただけでは流行らない。受け手の側にそれがいいと思った理由がある。

まず考えられるのは「口実」の問題だ。基本的には「ガールズトークをしようね」という合意を得るために女子会という言葉が使われている。あとは女の人は計画を立てるのが好きなので、具体的な名称がある方が誘うのに都合がいいのだろう。単に飲み会をしようと誘うよりも、「いついつに女子会をしよう」と誘う方が特別なイベントだという感じがする。

しかし口実を作ってでもやりたいだけあって、実際に開かれる女子会は多くの女の人にとってやはり居心地のいいものらしい。その居心地のよさを作っているもっとも大きな要素は「さらけだせること」だそうで、これは普段の生活の中で背負っている荷物を降ろすような感覚なのだそうだ。きっと女の人たちは様々な場面で無意識的に気を張って生きているのだろう。他には「いろんなものを共有できる幸せ」や「話をちゃんと聞いてもらえることの安心感」などがあるそうで、前者はたくさんの種類を少しずつ食べる食事の仕方や、情報や秘密を共有できるのが楽しい、後者は話をするときにちゃんと相槌を打ってくれるのが嬉しいのだそうだ（書いていても男の僕には何がいいのかまったくわからないのだけど）。

ともあれ、多くの女の人が求めているのは、最初に挙げた「さらけだせること」だろう。荷物を降ろす感覚を持つくらい無意識的に気を張っているということは、軽度のストレスを日常的に溜めこんでいるということだ。となると気になるのは女子会で

「何を吐き出しているか」だが、やはり考えられるのは「自分たちが幸せに生きられないことの嘆き」だろうか。「悪口」や「仕事の愚痴」や「男の愚痴」はその証明と言えるものだし、黒いものを吐き出すことで気が晴れる部分は大きいだろう。

そして幸せに生きられないことを嘆くのは、本当は「幸せに生きたい」と願っているからだ。女の人は不幸を吐き出し、その上で幸せを得る手段として女子会を開いているのではないか。服装や髪型を褒め合ったり、おいしいものを食べたり、お酒を飲んだり、延々と好き勝手なことを話すのは、女の人たちにとってすごく幸せな時間だと思うからだ。

これは完全に僕の偏見とも言える意見なのだけど、女の人は「自分の幸せを基準に物事を考えている」感じがする。損得とか善悪はもちろん考慮するのだけれど、基本的な姿勢としてそこを重視しているように見えるのだ。一般的に女の人の方が切り替えが早いと言われるのも、自分の幸せが何かわかったら迷わずにそれをつかみとれる人が多いからじゃないだろうか。そしてそれ以前の迷い事が一気にどうでもいいことになる。女の人は恋愛で「上書き保存をする」とよく聞くけれど、何よりも「今、幸せかどうかを重視する」と考えれば、それも納得がいくように思うのだ。

でもそれって男の人も一緒じゃないの？　と思うかもしれないが、やはりちょっと違っている。男の人は幸せよりも「面目（メンツや体面）」を大事にして生きているからだ。

面目を保ちたい男たち

男同士で集まる会があっても「男子会」という言葉がないのは、男の人が集まるときに口実を必要としないからだと思われる。だいたいそもそもがいい加減な会なのだ。酒を飲むのは楽しいが、食べるものなどは適当で、誰かの話をみんなで熱心に聴いていることもあまりない。なぜかと言えば、男の人が重視しているのはあくまでも面目を保つことだからだ。お互いに弱みは見せないし、自己開示もほとんどしない。バカ話が多いのも、それをするのが男の面目を保つからだ（男の世界ではバカは尊敬される）。あとは「知識のひけらかし」とも言える持論の応酬ぐらいしかしていないのが実情だろう。

だから男同士で女子会に近いノリ（楽しむことを目的にしたもの）はどんなものかというと、女の人は一緒にするなと思うだろうが、「風俗系の遊び」か「スポーツ」

になるだろう。そしてこのどちらもが、やはり面目を保つことができるものなのだ。風俗系の遊びはそもそも男の人の自尊心を満たすものだし（望んだような相手じゃなくてもそれは笑い話に変えられる）、スポーツなら余程下手ではない限り、面目がつぶれることはない。また、男の人はスポーツでつく勝ち負けなら仕方がないと引き下がれるところがある。ケンカの勝ち負けと同じで、そこで負けるのは正々堂々とやった結果だと思えるからだ（中には負けず嫌いな人もいるけれど）。

この面目を大事にする男の人の性質は、前述した女の人の「幸せを重視する」性質と同じくらい強固なものだと思われる。特に最近の若者の恋愛にもその傾向ははっきり見えて、恋愛をしない若者が増えているそうだが、こと男の人に関しては、よく理由にされている「コストパフォーマンスが悪いから（労力と結果がつり合わない）」というのはあくまでも表向きの理由に過ぎない。実際はそうではなくて、自分の幸せを重視する現代の女性が相手だと、「面目を保つことができない」から恋愛をしない、が正解だと思う。「本当にいい女がいれば恋愛する」と言う人は多いけれど、あれは「自分の面目をつぶさずに恋愛をさせてくれる人がいたらアプローチする」の言い換えだろう。そして女の人の社会進出が昔よりもはるかに実現されている以上、そんな男だけに都合がいい恋愛ができる可能性はかなり低いと言っていいだろう。往々にして女の人の考える幸せは、男の面目を（経済的にも精神的にも）おびやかすものが多いからだ。

女子会は女の人が不幸を吐き出して幸せを得るためのものだと言ったけれど、幸せに生きられない原因として、面目をつぶしたくない男の人たちがいるのは事実だろう。でもこれは努力して解決するものだとは言い難いのだ。男の人も女の人も、結局自分を守っている。同性だけで集まる方が面白いと言われる理由は、男の人は面目を保っていられるから、女の人は幸せを得られるからで、客観的に見ればどちらかを擁護できるものではないと思う。

ハロウィン

注目されたい

ここ数年で急に季節のイベントとして市民権を得たハロウィンだが、若い人たちが仮装をして街に繰り出している理由は、やはり「注目されたい」からだろう。「飲むため、騒ぐため」の口実とも言われるが、どんな仮装をしようか事前に考えている点から見ても、注目されたい気持ちが入っていないとは思えない。中でも本格的な仮装をしている人たちは、まず楽しさを前提とした上で、いかにスターになれるかを考えていると思う。クオリティーの高い仮装ができたときの満足感はかなりのものがあるだろう。写真を撮ってツイッターやフェイスブックにアップする気持ちもわからなくない。

また、もう少し踏み込んだ見方をすれば、本格的な仮装をする人たちの中には「鬱

パーティー

期待と口実

屈した社会から解放されたい」という気持ちを持っている人もいると思う。コスプレは非現実を現実に持ち込むことなので、そうすることで社会に小さな穴を開けているような気分になれると思うからだ。現に本来の祭りとはそういうものだし、ある意味それは正統な祭りの楽しみ方だとも言えるだろう。

ただ僕が個人的に面白いなと思うのは、そういう本格的な仮装をしている人ではなくて、若い女の人で「可愛さを重視した仮装」をしている人だ。あれはたぶん「祭りにおける浴衣」みたいなものなんだろう。女の人の浴衣姿は（魅力が）三割増と言うけれど、可愛い仮装をすることで「こんな私も素敵でしょ？」的なアピールをする女の人はすごく現代的だと思う。彼女たちは自分の価値を上げられる機会をちゃんと楽しんでいるわけだ。たとえそれが女同士で遊ぶためにやっているものでも同じだろう。女の人のこの手の欲は、誰も不愉快にさせない点で優れているし、なんというかとても素直で羨ましさすら感じてしまう。

そして若い女の人が浴衣のような感じで仮装をしているということは、ハロウィンが男女の出会いの場としても機能しているということだ。期待と口実が入り混じるパーティーになっていると言ったら言い過ぎかもしれないが、季節的にも秋は開放的な気分になれるチャンスがない。あるいはハロウィンが十月三十一日に行われるので、あわよくば誰かと知り合ってクリスマス前に恋人を作りたいと思っている人もいるだろう。そういうときに普段とは違う自分で飲みの場に参加できるのは、きっと若い人たちにとって都合のいいことなのではないか。

また、ハロウィンが流行っている理由として、コスプレは若いうちしかできないから、する機会があるならしておきたいという人は多いと思う。ただ僕は前にハロウィンの時期にディズニーランドに行ったことがあるのだが、多くの人がディズニーキャラクターの真剣なコスプレをしているのを見て、この人たちはこのまま歳をとってもコスプレを続けるんじゃないかと思ったことがある。園内には可愛いキャラクターの衣装を着てはしゃいでいる小さな子どもたちもいたのだが、その子たちもきっと大人がコスプレをすることを何とも思っていないだろうし、こうなると将来は高齢のコスプレイヤーが現れることも想像できる。しまいには三世代でコスプレするなんて光景も見られるんじゃないかと思うと、未来ってなかなかのカオスだなぁと今からちょっと笑ってしまう。

「大人だから、子どもだから」なんて線引きは案外簡単に消えてしまうのかもしれない。でもコスプレでそれが消えるなら平和的でいいだろう。

欲望のあるシーン（パーティー編）

同棲しているマンションの部屋のリビングで、ヨウヘイとヒロコは一時間に渡る話し合いを続けていた。食卓の上には披露宴に呼ぶゲストの名前を羅列した何枚かの紙が置いてある。二人はどれくらいの人数を呼ぶかという点で折り合いがついていなかった。合間に飲んでいたマグカップの中のコーヒーも、すっかり冷えきってしまったほどだ。

「ねぇ、もう一回聞いていい？　なんで仕事関係の人はそんなに呼びたくないの？これじゃあ私の方が人数が多くてバランスが悪くなるじゃない」

「だから何度も言ってるけどさ、いろんな人を呼ぶってことは、あちこちに頭下げて来てもらうように頼まなきゃいけなくなるってことなんだよ。ご祝儀とか相手にも負担かけるし、なるべく少人数で済ませたいの。だからそもそもの規模を小さくすればば、バランスもとれてまとまるだろ？」

何度説明を聞いてもヒロコは納得がいかなかった。ネガティブな要素を避けるために自分たちの幸せを減らしているような感じがする。友だちや知り合いからかけられる祝福の声。純白のドレスとお色直しのあとの和装。自分が一日主役になれる人生で最大のイベントを少人数で済ませたくない。だいたいお祝い事なのだから、そういうときはみんな理解して快諾してくれる。遠慮する意味がわからないのだ。

「結婚式と披露宴は女の夢なの。なんでその大事な夢をそんなくだらないメンツのためにあきらめなきゃいけないの？　一生に一度なんだよ!?」

「いろんな人に頭下げて来てもらったら、その人たちとの付き合いはそれからも無碍にできなくなるだろ？　ずっと恩義を感じて生きてかなきゃいけない大変さがわかんないんだよ、おまえには！」

「わかんないよ！　っていうかそんな恩義いつまでもネチネチ覚えとく必要ある!?」

「そういうもんなんだよ、男は！」

「もういい！　こんなんじゃ結婚できない！」

ヒロコが泣いて部屋に閉じこもったあとで、ヨウヘイはマンションの外に出てタバコを吸った。暗い夜空には我関せずといった様子で小さな月が浮かんでいる。最近ずっとこんな調子だ。本当に結婚できるんだろうか。

もう何十回と聞かされた「女の夢」というのを考えてみる。ヨウヘイはぶつけどころのない気持ちを押し込めるように携帯灰皿に吸い殻をねじ込んだ。

パーティー

期待と口実

短編小説

欲望のない世代の、本当の欲望

くるくると無意味にペンを回しながら僚平は紙の上の言葉を眺めていた。広告の文章であるコピーを考えるのが僚平の仕事だ。一ページの雑誌広告。クライアントは若者向けのアパレル会社。全然有名ではないが、小さいなりに一本筋が通っていて、作っている商品も悪くない。今の若者をそのまま取り出してほしい、というのが先方からの依頼だった。明るい部分だけではなく、ずるいところも、弱いところも、すべてひっくくるめた若者の在り様を描いてほしい。服の広告でコピーがメインというのも珍しかったが、僚平にはありがたい話だった。気分転換に二杯目のコーヒーを飲もうとすると、少し横になっていた妻の香織が、むくんだ顔で寝癖をつけたままリビングへと入ってくる。

「いいアイデア出た？」

「うーん……微妙、かな。まだ頑張るけど、なんか発想が地味っていうか、これじゃあ間違いなく相沢さんに練り直しって言われるな」

「そっか」

台所に立った僚平は電気ケトルをセットしてお湯をわかした。二人は二年前に結婚して、香織は現在妊娠中だ。洗面所から戻ってきた香織は、ふと何かを思い出したように椅子にかけてあった自分のバッグの中を探った。

「見てこれ」

差し出されたものを受け取った僚平が大きな声を出して驚く。それは赤ん坊のエコー写真で、しかも3Dで画像化されているものだった。

オレンジ色の横顔はもうすっかり人間の顔になっている。僚平はこれまでにも段階ごとに見ていたが、今回の発育ぶりには度肝を抜かれた。

「すげぇな！　普通に指くわえてるじゃん」

「そうなの。ちょっとびっくりだよね」

「でもなんか不機嫌そうな顔してない？」


香織は僚平の言ったことに笑うと「いるならあげるけど」と写真を勧めた。「もらっていいの？」と返した僚平に香織がうなずく。僚平は嬉しそうにもう一度写真を眺めてから仕事に戻った。栄養ドリンクを一本飲んだ気分だ。

翌朝、出社してすぐにデザイナーの拓海と打ち合わせをした。向こうも徹夜だったんだろう、切れ長の目の下にうっすらとクマができている。限界までアイデアを出して企画を練ったが、明らかにこれだと断言できるものがあるわけではなかった。僚平は「これは通らないな」と思いながら上司であるクリエイティブディレクターに企画を見せた。上司の相沢という男は眉間に深いしわを寄せたまま二人の企画をチェックしたあとで「どれもダメだな」と簡潔に言った。

「クライアントに媚びすぎ。小さくまとまってんじゃねぇよ。練り直し」

予想していたことではあったが、実際に突き返されるとダメージはある。僚平はそれなりに落ち込みつつも午前中は他の仕事をこなした。そして昼休みになると拓海と二人でそば屋に入って、昼食をとりながら打ち合わせをした。

「もう一回最初から考えた方がいいな。今の若者をそのまま取り出す。ここに出てるやつで個人的に気になってるものってある？」

二つのざるそばのあいだに置かれた僚平のノートには、若者が興味を持っている事象が乱雑に書き散らされていた。

「うーん、やっぱ今の時代だと横のつながりとかモテたいとかかかなぁ……」

「でもここに出てるのって全部一部なんだよな。だからこういうのをいくつか羅列して、最後に今の若者が『本当に求めているもの』を提示して終わるっていうのは？」

「いい案だと思うけど、今の若者が本当に求めてるものって何？」

自分で発案したくせに、僚平は答えられなかった。あきらめたように首をかしげて、ズズッとざるそばを口に吸い込む。

「なんだろな。本当に求めてるもの……幸せ？」

「漠然としすぎだろ」

僚平が出したアイデアに拓海が冷静なつっこみを入れる。煮詰まったときにアイデアを出すのはいつも僚平の役だった。拓海は澄ましした顔でざるそばをすすりながら僚平が口を開くのを待っている。でも僚平はそんな関係性が嫌ではなかった。話し相手がいる方が自分はアイデアが出やすいし、拓海には行き過ぎた発想を修正してもらう方がいい。

「じゃあこういうのは？　今の若者って政治にあんまり興味ないだろ？あれって理由があると思うんだよな」

「どういう理由？」

「なんかやっぱ選挙に行って投票してもさ、何も変わらない気持ちが大きいと思うんだ。結局上の世代の人たちの考えが支配的なわけだしさ、その人たちが既得権益を手放すことって難しいと思うんだよな。だからどっかであきらめてんだよ。この国は結局変わらない、俺らは損するだけだって」

「でもそれでも選挙に行かなきゃいけないんじゃないの？　そうしないと今よりもっと悪くなるだろ？」

「そうなんだけどさ。マンガとかアニメとか、世の中には自分が心から好きだと思えるような娯楽がいっぱいあるだろ？　そういう娯楽の中にあるメッセージの方が、自分たちにはしっくりくるんだよな。だからなんていうか、選挙に行って変わることと俺たちが社会に望んでることがズレてるような気がするんだよ」

「うーん……いや、目のつけどころはいいと思うんだけど、もう一押しかな。じゃあその『若者が社会に望んでることってなんなんだ』って話になるもん」

拓海のもっともな返答に僚平はこくこくとうなずいた。腕時計に目をやると、もう一時になろうとしている。

「やばい。そろそろ出なきゃ」

二人は慌ただしくソバ屋を出たあと、急ぎ足で駅に向かった。その日の午後は雑誌広告を依頼された文房具メーカーにできあがった企画案を見せに行くことになっていた。混雑している駅の改札を抜けた二人は、スマートフォンで電車の乗り換えを確認しながらホームへと続く階段を駆け下りた。

「でも今回のはちゃんとしたいよな。低予算のわりにはクライアントもしっかりしてたし」

拓海の言葉に僚平がうなずく。先週のオリエンテーションで話した髪の薄い部長の顔が僚平の脳裏によみがえった。少し口べたな男だったが、真面目に仕事をしているのが伝わってくる人だった。話が終わって帰るときも、自分たちみたいな若僧に丁寧に頭を下げてくれたのだ。僚平はそのことをよく覚えていた。

やがて電車が入ってきてドアが開くと、乗客が一斉にホームへと流れ出す。列に並んでいた僚平は見覚えのある顔を見つけてはっとした。相手の男が驚きながらも会釈するので、僚平も頭を下げ返す。特に会話があるわけではなく、どちらもぎこちない笑みを残したまま他人同士に戻っていった。電車に乗り込んでから知り合いなのかと拓海が尋ねる。

「あぁ。前の会社の人」

別に引け目があるわけではないのだが、やはり多少は気まずくもなる。僚平は大学卒業後に大手の広告会社に入社した。でもそこでは希望したクリエイティブには配属されず、五年間営業として働いたのだ。そして努力してある程度仕事ができるようになると、異動はあきらめろと上司に言われた。このまま営業としてやっていけ。何の配慮もない言い方だった。

ずいぶん迷いはしたけれど、結局今の少し小さな会社に移ったのが二年前だ。ちょうど結婚したばかりのときだったから、職場を変えて給料が減るのは頭の痛い問題だった。それなのに香織は文句も言わずに「したい仕事をすればいい」と背中を押してくれたのだ。おかげで僚平は今、充実した日々を送っている。ずっとやりたかったコピーライターの仕事ができているし、上司も信頼できる人だ。何より同い年で言いたいことが言い合える拓海との関係は、誰かと一緒に作品を作り上げていく楽しさを教えてくれた。

「居場所がなかったんだよな……」

その日の夜、香織との夕食の席で僚平はそうつぶやいた。自宅でリラックスしているせいか、閉じこめていた前の会社での記憶が少しだけ頭をのぞかせていた。

「自分の居場所がなかったんだよ。あの頃はまだ一人暮らしで、恋愛しても結局別れて、友達もいるのはいるけどさ、みんな道が違ってくし。そんな中で毎日遅くまで働いて、なんか独りぼっちだなって感じがした」

ほんの数年前までの孤独を僚平はよく覚えている。なんだか気持ちに余裕がなくて、いつも何かを求めているような毎日だった。あの頃はネットの動画サイトばかり観ていた気がする。コンビニで安い発泡酒を買って、それを飲みながら海外のサッカーの試合をずっと観ていた。いろんなものにかりそめの栄養をもらって生きていた。そうでもしないとやっていられなかったのだ。

「今は職場にも恵まれてるし、ちゃんと家庭もあるからさ、居場所がないとは思わなくなった。でもなんていうのかな、だからこそあのときの気持ちがわかるんだよな。俺、世の中の娯楽に甘えてたんだよ」

「甘えてた？」香織が軽く首をかしげる。

「うん。テレビとかマンガとか音楽ってすげー元気くれるじゃん。だからいつもそれに甘えて、現実と向き合うことからずっと逃げてた」

本当に他力本願だったなと僚平は振り返ってみて思う。新聞やニュースを見れば世の中にいろんな問題があるのはわかるのに、誰かがなんとかしてくれると甘えたことを考えていた。自分には難しいことはわからない、何かを成し遂げる力もない。そんな言い訳を盾にして、気がついたら受け身でいることが当たり前になっていた。

「でも今は変わったんだね。それは父親になったから？」

「うーん、たぶんそうなんじゃないのかな。子どもが生まれてくるとなると、しっかりしなきゃなって思うしな」

僚平は香織の膨らんでいるおなかに目をやった。もうあと何ヶ月もすれば、自分は人の親になる。守らなければいけない命がこの世界に生まれてくるのだ。

「……なんか今は単純にさ、世の中がいいものになってほしいって思うんだよな。俺が娯楽に逃げてたのも、それが叶わないからっていうのが大きかったし。でもあの頃もどっかで思ってたんだよ。子どもみたいな考え方だってわかってるけど、世の中が良くなってほしいって思ってた。実際そういう気持ちはさ、上の世代よりも俺らの方がずっと強いはずなんだ」

長いあいだ溜め込んでいた自分の気持ちが素直に出たような感じがあった。向かいの席でみそ汁を飲んでいた香織が「今言ったようなことでいいんじゃない？」と唐突に言う。

「え？」

「いや、なんかコピーが書けなくて困ってるって言ってたから。今のは私も共感したし、そういうのをコピーにすればいいんじゃない？」

少し遅れて理解した僚平が「あー」と感嘆の声を上げて目を見開く。たしかに今言ったことは自分が探していた答えに思えた。

「ちょっ、メモ取ってくるわ！」

慌てて立ち上がった僚平を見て香織が笑う。僚平は紙とペンを持って戻ってくると、ご飯もそっちのけにしてペンを走らせ始めた。食べ終わってからにしてよ、と呆れている香織に謝りながら、僚平は体に力が湧いてくるのを感じた。これならきっとみんなに届く。あの髪の薄い部長さんも喜んでくれるだろう。

あとがき

小説を書いている人間がこういう実用書然としたヒットの解析本を書くのはあまりないことなのかもしれない。でも僕は完全に小説畑の人間かというとそうでもなくて、二十歳の頃は専門学校で広告デザインを学んでいた。おまけに宣伝会議が主催しているコピーライター養成講座にも通っていたことがある。だから広告の観点から、世の中の人が何を求めているかを考えるのは好きなのだ。というよりも、コミュニケーションがうまくいっているものに興味を持ってしまう傾向があるのだろう。

本来、人気の秘密を解き明かすなんてことはできないのだと思う。人間の心はそんな単純にはできていないからだ。でも考えることで見えてくるものもあるし、何よりもああじゃないかこうじゃないかと仮説を立てるのは楽しいことだ。そしてそんなふうにして立てた仮説を誰かに面白がってもらえたら尚嬉しい。

また、各カテゴリーのまとめとして短い小説を書いたことは、僕にとってあらためて小説の魅力を実感する結果になった。空気感そのものを伝えることのできる小説は、広告のキャッチコピーのように、削ぎ落とした明確な一行に落としこむのとは違う意味で、いろんなことを考えたり感じたりする「場」を作ることができる。ちょっと偏った小説の書き方なのかもしれないけれど、自分が広告ではなく小説の世界を選んだのはそれが理由だったのだ。

今回この本を書く機会をくださった宣伝会議の松岡さんに感謝します。広告と小説が組み合わさったような仕事をさせてもらえて幸せでした。

（※本文中の敬称が「さん」付けだったり呼び捨てだったりするのは、自分にとって自然な呼び方で書くことを重視させてもらったからです。他意はありません。）

白岩玄　しらいわ・げん

1983年、京都市生まれ。高校卒業後、イギリスに留学。大阪デザイナー専門学校グラフィックデザイン学科卒業。
2004年『野ブタ。をプロデュース』で第41回文藝賞を受賞し、デビュー。05年、同作は芥川賞候補になるとともに、日本テレビでテレビドラマ化され、70万部を超えるベストセラーとなった。2009年『空に唄う』、2012年『愛について』を発表。

R30の欲望スイッチ　欲しがらない若者の、本当の欲望

発効日	2014年4月2日　初版第1刷発行
著　者	白岩玄
発行者	東英弥
発行所	株式会社宣伝会議
	東京本社　〒107-8550 東京都港区南青山5-2-1
	TEL　03-6418-3331（代表）
	URL　http://www.sendenkaigi.com/
装　丁	TYPEFACE
印刷・製本	シナノ印刷

ISBN　978-4-88335-302-6　C2063